rororo

In einem Interview mit *Psychologie Heute* sagte Jesper Juul über sein Grundkonzept *Gleichwürdigkeit*: «Die Anerkennung gleicher Würde von Erwachsenen und Kindern bringt uns sehr konkret und praktisch weiter. Wenn man als Erwachsener nicht weiß, wie man im Konfliktfall mit dem Kind reden soll, und immer wieder in seine alten Muster fällt, hilft Folgendes: Man schließt die Augen und stellt sich vor, man wolle zu einem sehr guten Freund oder einer guten Freundin sprechen, mit der man einen Konflikt hat. Die meisten Erwachsenen finden auf diese Weise eine neue Art, mit dem Kind zu reden. Nicht allgemeine Modelle bringen uns weiter, sondern konkrete, einzelne Schritte, die wir selbst herausfinden müssen. Es ist ein Vortasten.»

Der dänische Familientherapeut Jesper Juul setzte sich ein für die «gleichwürdige Familie», in der die Bedürfnisse *aller* Mitglieder befriedigt werden. Endlich ein gangbarer Weg!

Jesper Juul

Grenzen, Nähe, Respekt

Auf dem Weg zur kompetenten
Eltern-Kind-Beziehung

Deutsch von Alken Bruns

Rowohlt Taschenbuch Verlag

21. Auflage Januar 2026
Veröffentlicht im Rowohlt Taschenbuch Verlag
Rowohlt Verlag GmbH, Kirchenallee 19, 20099 Hamburg

Neuausgabe August 2009
Deutsche Erstausgabe
Zuerst veröffentlicht im Rowohlt Taschenbuch Verlag,
Reinbek bei Hamburg, Juli 2000

Die dänische Originalausgabe erschien 1998
unter dem Titel «Her er jeg! Hvem er du?
Om nærver, respekt og grænser mellem voksne og børn»
im Forlaget Apostrof, Kopenhagen

Lektorat Bernd Gottwald

Umschlaggestaltung ZERO Werbeagentur, München
(Fotonachweis: LaCoppola-Meier/Getty Images)
Satz aus der Minion (PageOne)
Gesamtherstellung CPI books GmbH, Leck
ISBN 978-3-499-62534-3

Kontaktadresse nach EU-Produktsicherheitsverordnung:
produktsicherheit@rowohlt.de

MIX
Papier | Fördert
gute Waldnutzung
FSC® C083411

Inhalt

Einleitung

Dieses Buch handelt von dem, was man mit einem altmodischen Ausdruck «den Kindern Grenzen setzen» nennt. Es beschreibt Möglichkeiten, sich gegen andere Menschen, auch gegen kleine und große Kinder, so abzugrenzen, dass zwischen beiden Seiten ein möglichst guter Kontakt besteht und ohne dass eine von beiden Schaden leidet.

Unsere Liebe zu unseren Kindern und zu nahestehenden Erwachsenen wird von uns selbst anders erlebt als von ihnen und von ihnen anders als von uns. Ihr Erleben ist abhängig davon, wie wir unsere liebevollen Gefühle in liebevolle *Handlungen* umsetzen.

Kinder und Erwachsene erleben auf ihre eigene individuelle Art, dass sie geliebt werden, gemeinsam aber ist uns allen, dass wir uns immer dann nicht geliebt fühlen, wenn unsere persönlichen Grenzen verletzt oder nicht respektiert werden. Bei schweren und häufigen Verletzungen nimmt unser Selbstwertgefühl ab und damit auch unsere Fähigkeit, konstruktiv zu handeln. Wir sind dann weder zur Sorge für uns selbst noch zum Kontakt mit dem anderen fähig, der uns verletzt. Das gilt für Kinder und Erwachsene gleichermaßen.

Es braucht Zeit, die eigenen Grenzen kennenzulernen. Manche Grenzen spüren wir instinktiv, bei anderen kann es Jahre dauern, bis wir sie erkennen und so zu markieren lernen, dass auch andere sie bemerken.

Es gehört zu den Paradoxa des Lebens, dass wir unsere eigenen Grenzen nur dadurch erkennen können, dass andere sie übertreten. Und ebenso können wir die Grenzen der anderen nur kennenlernen, indem wir, ohne es zu wollen, mit ihnen zusammenstoßen oder sie sogar verletzen.

Im allgemeinen sozialen Leben mit anderen Menschen, zu denen wir kein Liebesverhältnis haben, erlernen wir einige formale Spielregeln, um nicht mehr als unbedingt notwendig auf fremden Äckern herumzutrampeln. Die Spielregeln sind von Kultur zu Kultur und in verschiedenen sozialen Gruppen unterschiedlich, aber es geht immer darum, eine gewisse *Distanz* einzuhalten, damit wir nicht Gefahr laufen, jemanden zu verletzen.

Beim Zusammenleben in der Familie geht es um das Gegenteil: um *Nähe.*

Das Bedürfnis kleiner Kinder nach Nähe erscheint manchmal unersättlich, obwohl auch sie Pausen und Distanz brauchen. Sie kennen die Grenzen der Eltern noch nicht und lernen sie nur kennen, indem sie im Laufe der Zeit mit ihnen kollidieren.

Eines der wertvollen Geschenke, die Kinder ihren Eltern machen, ist die Möglichkeit, die eigenen Grenzen kennenzulernen und so zu verändern, dass sie für beide Seiten möglichst konstruktiv werden. Genau das geschieht auch in einem Liebesverhältnis zwischen Erwachsenen. Der einzige Unterschied zwischen einem Kind und einem erwachsenen Partner ist der, dass dem Kind weniger Erfahrungen zur Verfügung stehen. Aber in jedem Fall dauert es ungefähr zehn Jahre, sich seiner Grenzen klar bewusst zu werden.

Je besser wir unsere Grenzen kennen und je persönlicher wir sie zum Ausdruck bringen können, desto befriedigender wird unser Kontakt mit anderen Menschen sein – und umgekehrt.

Im Verhältnis zwischen Eltern und Kindern ist die Liebe so groß und so leicht zu verletzen, dass in dem wechselseitigen Lernprozess, der das Familienleben immer ist, beide Seiten ständig in Gefahr sind, die Grenzen des anderen zu verletzen. Das Schuldgefühl ist am geringsten und das Selbstgefühl am stärksten, wenn die Erwachsenen vorangehen und den Ton bestimmen.

Unsere Haltung zu Kindern und Kindererziehung ist mehr oder weniger bewusst, mehr oder weniger durchdacht, und nicht selten ist sie in sich widersprüchlich. Manchen Menschen sind ihre Haltungen wichtiger als das Leben selbst, für andere sind sie ein innerer Gesprächspartner, der lediglich dazu dient, den Dialog mit anderen zu unterstützen.

Manche Menschen sagen: «Ich *bin* meine Haltungen!» Sie haben die Bekanntschaft mit sich selbst erst noch zu machen. Wir alle waren jemand, bevor wir unsere Haltungen annahmen, und wir sind jemand hinter ihnen. Diesen «jemand» brauchen wir, wenn wir selbst Eltern werden.

Dieses Buch ist als Einladung an den Leser gedacht, sich seiner selbst und seiner Einstellungen und Erfahrungen im Lichte derjenigen klar zu werden, die der Autor hat und gemacht hat. Es ist keine Aufforderung, nach Kategorien wie richtig und falsch oder schuldig und unschuldig zu urteilen, sondern eine Einladung, sich, wo möglich, seiner selbst sicherer zu werden und, wo es notwendig ist, seine Zweifel zu erkennen.

Wer bestimmt?

In der Familie bestimmen die Eltern, und in der Kinderkrippe, im Kindergarten und in der Schule bestimmen die Erwachsenen. Kinder besitzen eine Menge Lebensweisheit, aber sie wissen nicht genug vom Leben und von der Welt und haben nicht den nötigen Entwicklungsstand, um die Führung zu übernehmen. Für Kinder ist es ohne jeden Zweifel das Beste, dass die Erwachsenen bestimmen.

Dabei ist natürlich wichtig, *was* die Eltern bestimmen, und noch wichtiger ist es für Gesundheit und Wohlbefinden der Kinder, *wie* sie bestimmen: ob diktatorisch oder demokratisch, hart oder flexibel, nach Lust und Laune oder so, dass die Entscheidungen einen Zusammenhang haben.

Kinder fühlen sich ebenso wie Erwachsene dann am wohlsten, wenn die Entscheidungen möglichst viel inneren Zusammenhang haben. Das setzt vor allem voraus, dass die Eltern sich klarmachen, auf welche *Werte* sie das Familienleben gründen wollen. Unsere Werte sind uns zum Teil bewusst, zum Teil auch nicht. Wir formulieren sie selten, bringen sie aber ständig in Worten und Handlungen zum Ausdruck:

- Kinder müssen lernen, ihren Eltern zu gehorchen, denn die Eltern wissen es am besten.
- In einer demokratischen Gesellschaft müssen die Kinder selbst mitbestimmen.

- Das Wichtigste ist, dass die Kinder lernen, an Gott zu glauben.
- Das Wichtigste muss sein, dass Kinder lernen, andere zu respektieren.
- Das Wichtigste ist, dass Kinder lernen, an sich selbst zu glauben.
- Das Wichtigste ist, dass Kinder lernen, die Natur zu erhalten.
- Das Wichtigste ist, dass Kinder in der Schule gut zurechtkommen.

Vor nur einer Generation waren die meisten Werte, an denen sich die Kindererziehung orientierte, moralischer oder religiöser Natur, und die Eltern waren sicher, was richtig und was falsch ist. Seitdem ist unser *Wissen* viel größer geworden, wir kennen den kindlichen Menschen besser und können präziser angeben, unter welchen Bedingungen er sich am besten entwickelt. Was unsere Eltern und Großeltern in der Kindererziehung für gut und richtig hielten, hat sich zum großen Teil als falsch erwiesen.

Moderne Eltern, die im Namen der Kinder Entscheidungen fällen sollen, stehen vor einer komplizierten Aufgabe. *Dass* sie bestimmen, ist eine Sache, eine andere ist, dass ihre Entscheidungen den Kindern auch möglichst gute Entwicklungsbedingungen verschaffen sollen. Das bedeutet, dass die Eltern von der Macht, die sie traditionsgemäß haben, einen großen Teil abgeben müssen, ohne zugleich die Führung aus den Händen zu geben. Diese Aufgabe ist unglaublich schwierig, und die wenigsten Eltern können sie ohne weiteres lösen. Man kann es nur zusammen mit den Kindern erlernen, während sie allmählich aufwachsen.

Dieser wechselseitige Lernprozess führt unweigerlich zu Konflikten und Frustrationen. Beide Seiten sind von Zeit zu Zeit ärgerlich, frustriert oder wütend, und das muss so sein. Konflikte zwischen Kindern und Eltern sind keine Anzeichen dafür, dass die Eltern ihrer Aufgabe nicht gewachsen sind, sondern dienen dazu, dass beide Seiten etwas lernen. Die Verantwortung für die Konflikte aber übernehmen in einer gesunden Familie die Eltern. Den Kindern *die Schuld* zu geben ist verantwortungslos und führt nur zu neuen, noch destruktiveren Konflikten.

Macht

Wenn es um das tägliche Zusammenleben mit Kindern geht, denken die meisten Eltern eher an Liebe, Fürsorge und Verantwortung als an Macht. Tatsache aber ist, dass Eltern Macht über das Leben und Wohlergehen der Kinder haben, während der ersten Lebensjahre der Kinder sogar unbegrenzte Macht. Aber auch später, wenn die Kinder älter werden, ist die Macht der Eltern immer noch sehr groß.

Eltern haben rechtliche, ökonomische, physische und psychische Macht – selbst dann, wenn sie sich machtlos fühlen. In skandinavischen Familien pflegt der Missbrauch der Macht dort am größten zu sein, wo sich die Eltern entweder machtlos fühlen oder sich aus verschiedenen Gründen nicht zu ihrer Macht bekennen wollen. In anderen Kulturen gilt Machtmissbrauch, zum Beispiel in Form physischer Gewalt, als Tugend und die unmittelbare Ausübung der Macht als einzig mögliches verantwortliches Verhalten.

In den skandinavischen Ländern wird körperliche Gewalt seit einer Generation nicht mehr als Bestandteil der Kindererziehung und Pädagogik akzeptiert. Zwar gibt es immer noch Eltern, die ihre Kinder schlagen, aber die meisten von ihnen sind sich mittlerweile darüber im Klaren, dass Gewalt schädlich ist, sowohl für das Opfer als auch für den, der sie ausübt.[1] Wir sind inzwischen zivilisiert genug, um von Gewalt als Mittel der Machtausübung Abstand zu nehmen. Gleichzeitig erkennen wir, dass es wahrscheinlich keinen wirklichen Unterschied zwischen physischer und sogenannter psychischer Gewalt gibt, worunter Lächerlichmachen, Kritik, Sarkasmus, Heruntermachen und üble Nachrede hinter dem Rücken des Kindes zu verstehen sind. Beide Formen von Gewalt sind für den Menschen zerstörerisch.

In der «guten alten Zeit», wie manche Leute sie immer noch nennen, konnte man die Kinder durch Gebrauch und Androhung von Gewalt sehr viel leichter zum Gehorsam und zur Unterwerfung unter die Macht der Erwachsenen bringen als heute. Die Erwachsenen setzten die Grenzen, und wenn sich die Kinder nicht nach ihnen richteten, setzte es Hiebe. «Wer nicht hören will, muss fühlen», sagten die Eltern dann und beruhigten sich selbst damit, dass es ja ihre heilige Aufgabe sei, den Kindern den «Unterschied zwischen richtig und falsch» beizubringen.

Gewalt als Mittel der Erziehung erzeugt keinen Respekt, sondern Angst. Sie bringt den Kindern nicht den Unterschied zwischen richtig und falsch bei, sondern lehrt sie, dass Gewaltanwendung richtig ist, wenn man die Macht hat. Sie lehrt die Kinder nicht, die Grenzen der Erwachsenen zu respektieren, sondern die Konsequenzen zu fürchten.[2]

Die prinzipielle Abschaffung von Gewalt im Verhältnis zwischen Erwachsenen und Kindern hat ein Vakuum hinterlassen, und alle Eltern experimentieren tagtäglich mit verschiedenen Methoden, um es zu füllen. Manche üben sich in demokratischen Prinzipien – und sind die endlosen Diskussionen manchmal leid. Andere machen Lust und Unlust der Kinder zur Richtschnur des Familienlebens – und wissen schließlich nicht mehr ein noch aus. Manche überlassen den Kindern die Verantwortung, wenn es nicht so sehr drauf ankommt – und stecken am Ende in kraftraubenden Machtkämpfen fest. Anderen ist es so sehr darum zu tun, den Kindern Raum und Aufmerksamkeit zu verschaffen, dass für sie selbst und ihre eigenen Bedürfnisse schließlich kein Platz mehr ist.

Alle diese Experimente sind notwendig, um die Erwachsenenmacht konstruktiver anwenden zu lernen, als es früheren Generationen möglich war. Und das Experimentieren mit verschiedenen Prinzipien schadet weder Kindern noch Erwachsenen; es schadet noch nicht einmal dann, wenn das Experiment misslingt. Erst wenn sie im Unbefriedigenden stecken bleiben und die Richtung nicht mehr ändern können, beginnen Kinder und Erwachsene sich unwohl zu fühlen.

Jahrhundertelang sind die Menschen es gewohnt gewesen, dass ihnen allein schon die Tatsache, Vater oder Mutter zu sein, eine formale Autorität verlieh, die ihnen die Ausübung ihrer Macht leicht machte. Das ist jetzt anders, oder richtiger: So ist es nur noch während des ersten oder der ersten beiden Lebensjahre des Kindes. Moderne Eltern müssen eine sehr viel *persönlichere* Autorität entfalten, wenn ihnen ihre Führungsrolle gelingen und Machtmissbrauch vermieden werden soll. Entsprechendes gilt für die Partnerschaft zwischen Erwachsenen, seit die Geschlechterrollen immer mehr verschwinden.

Eltern, Lehrer und Pädagogen genießen den Respekt ihrer Umwelt inzwischen weniger durch das, *was* sie sind, als dadurch, *wer* sie sind. Kinder und Erwachsene haben den Respekt vor den Machthabern verloren, und wir bewegen uns langsam, aber sicher auf eine Zeit zu, in der das Maß an persönlicher Glaubwürdigkeit darüber entscheidet, wie viel Respekt uns entgegengebracht und wie viel Macht uns in privaten und pädagogischen Beziehungen zu Kindern und Jugendlichen zugestanden wird.

Macht und Verantwortung

Für das Thema dieses Buches ist die psychische Macht der Eltern besonders bedeutsam, weil sie eine sehr große Rolle im Zusammensein mit Kindern spielt, und vor allem, weil sie nicht annähernd so leicht greifbar ist wie andere Formen von Macht. Sie lässt sich schwer konkretisieren.

Das biologische Erbe bestimmt über Geschlecht, Körperbau, über gewisse Behinderungen, das Aussehen und möglicherweise auch über das Temperament der Kinder. Ihre Persönlichkeit aber, ihr Bild von sich selbst und ihre Fähigkeit, die eigene Intelligenz zu nutzen und mit anderen Menschen zusammenzuleben und zu kooperieren, sind davon abhängig, wie Erwachsene sich zu ihnen *verhalten*, vor allem die Eltern, aber auch Erzieher, Großeltern, Lehrer und andere Personen, an die Kinder sich binden.

Für uns Familientherapeuten ist es der *Prozess* des wechselseitigen Umgangs miteinander, der in erster Linie über das Wohlbefinden einer Familie entscheidet.

Inhalt bezeichnet hier das, was wir tun, worüber wir reden und welche Richtlinien und Traditionen in unserer Familie gelten. Prozess bedeutet die Art und Weise, in der wir es tun, die Art und Weise unseres Sprechens, bedeutet Stimmung, Tonfall und Atmosphäre in unserem Umgang miteinander.

Wir meinen damit nicht wie früher, dass man anständig oder vernünftig zu reden hat im Gegensatz zu hässlich oder hysterisch, sondern dass es eine Art und Weise gibt, Dinge zu

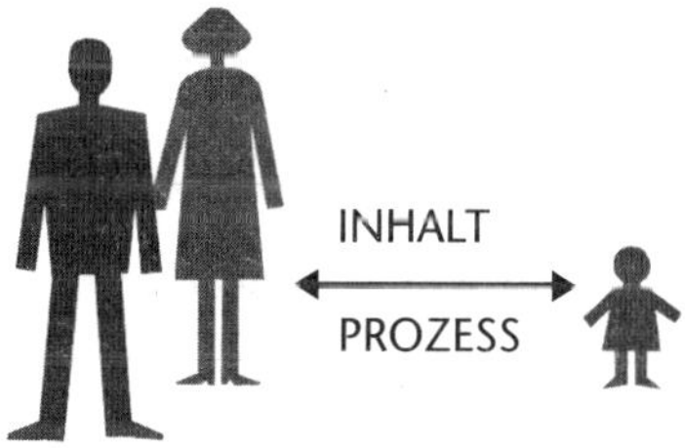

tun, die konstruktiv und gesund ist für die Familie, im Gegensatz zu einer destruktiven und ungesunden.

Ist der Umgang miteinander in einer Familie destruktiv, dann sind alle Mitglieder der Familie davon betroffen. Die einen spüren es früher und deutlicher als die anderen, aber alle leiden darunter, und auch das Verhältnis der Familienmitglieder untereinander wird beeinträchtigt. Entsprechendes gilt für den konstruktiven Umgang miteinander. Alle fühlen sich dabei wohl.

In allen Beziehungen zwischen Erwachsenen und Kindern sind ausschließlich die Erwachsenen für die Qualität des wechselseitigen Umgangs miteinander verantwortlich.

Mit dieser Feststellung will ich nicht meine Haltung zu Kindern zum Ausdruck bringen, etwa die Auffassung, die Erwachsenen sollten die Verantwortung haben, weil sie die Älteren sind. Sie ist vielmehr Ausdruck der Tatsache, dass Kinder diese Verantwortung nicht übernehmen *können.* Manchmal müssen die Kinder sie übernehmen, weil die Erwachsenen nicht dazu in der Lage sind, aber dann ist das Ergebnis immer für beide Seiten destruktiv.

Dies hat während der letzten fünfundzwanzig Jahre bei vielen Eltern und Erwachsenen für Verwirrung und Frustration gesorgt, da sie ja aus bester Überzeugung versucht haben, Kindern mehr demokratischen Einfluss einzuräumen. Sie haben automatisch damit gerechnet, dass die Kinder, wenn sie mehr Einfluss bekommen, auch Mitverantwortung übernehmen werden.

Das ist aber nicht der Fall. Kinder können mitbestimmen, was es in der Familie zum Abendessen gibt, aber für die Stimmung am Tisch sind sie nicht verantwortlich. Sie können mitbestimmen, wo die Familie Weihnachten feiert, aber sie sind nicht dafür verantwortlich, wie es der Familie in den Weihnachtsferien ergeht. Schulkinder können ab der 7. Klasse selbst bestimmen, mit welchem Thema sich die Klasse in der Projektwoche beschäftigen soll, aber sie sind weder verantwortlich noch mitverantwortlich für die Atmosphäre, in der diese Arbeit stattfindet.

Die Verantwortung für die Qualität des wechselseitigen Umgangs miteinander kann weder auf die Kinder übertragen noch mit ihnen geteilt werden, sie liegt ausschließlich bei den Erwachsenen. Es ist ihre größte Verantwortung, und sie liegt auf dem Gebiet, auf dem sie indirekt die größte Macht im Umgang mit Kindern ausüben.

Traditionsgemäß haben Eltern diese Verantwortung immer dann akzeptiert, wenn die Stimmung in der Familie gut war, sie aber von sich geschoben, wenn die Stimmung schlecht war. So ist es in den meisten Familien immer noch. Wenn der wechselseitige Umgang zwischen Kindern und Erwachsenen misslingt, geben die Eltern (und die Erzieher und die Lehrer) den Kindern die Schuld. Das ist nicht nur verantwortungslos von ihnen, sondern auch unethisch, denn es untergräbt die Lebenstauglichkeit der Kinder.

Die Alternative dazu ist nicht, dass die Eltern sich selbst

die Schuld geben, denn das würde weder ihnen noch den Kindern nutzen. Vielmehr müssen die Eltern die Verantwortung für das übernehmen, was gerade geschehen ist, um nach Möglichkeit dafür zu sorgen, dass es nicht wieder geschieht.

Aus langer Tradition glauben wir, dass der Schaden durch die Gefühle angerichtet wird, die wir zu Unrecht negativ nennen: Ärger, Wut, Irritation und so weiter. So einfach ist es nicht. Oft sind unsere Versuche, das Richtige zu tun, mindestens ebenso destruktiv.

Ein Beispiel

Ein junges Elternpaar macht sich wegen einiger Vorkommnisse mit der anderthalbjährigen Tochter Sorgen: «Vor ungefähr drei Monaten begann sie, sich von Zeit zu Zeit auf den Küchenfußboden vor den Gefrierschrank zu setzen. Sie zeigte darauf und sagte: Eis! Anfangs fanden wir das, offen gesagt, niedlich und auch ein bisschen genial, aber jetzt hat sich die Sache so entwickelt, dass es gut und gern eine halbe Stunde dauern kann, bis man sie dort wegbekommt. Etwas Ähnliches glauben wir mit ihr auch in anderen Situationen zu erleben, wenn wir nicht ganz dasselbe wollen wie sie. Was können wir tun?»

Es sind Eltern, die in mancher Hinsicht typisch sind für ihre Generation. Sie überlegen und sind gut unterrichtet, verfolgen interessiert, was über Kindererziehung gesagt und geschrieben wird, und sprechen gern über ihre eigenen Haltungen und Erfahrungen. Sie wollen nicht autoritär sein und legen Wert darauf, dass ihrer Tochter alle Aufmerksamkeit zuteil wird, die sie braucht, wenn sie mit ihnen zusammen ist.

Sie sind nicht böse auf die Tochter oder ärgerlich, aber sie sind sich bewusst, dass die Angelegenheit eine unglückliche Entwicklung nehmen kann, und damit haben sie recht.

Was geschieht, ist Folgendes (**Inhalt**): Die Tochter bekundet, dass sie gern ein Eis haben möchte. Der Vater denkt kurz darüber nach, beschließt, dass er ihr jetzt kein Eis geben will, und sagt: «Nein, Caroline, jetzt bekommst du kein Eis.» Caroline sagt: «Ich will!» Der Vater: «Nein, Caroline, jetzt nicht. Wir wollen gleich essen.» Caroline ist frustriert. Sie klatscht mit den Handflächen auf den Fußboden und wiederholt ihren Wunsch. Der Vater sagt: «Nein, Caroline, jetzt bekommst du kein Eis. Wir wollen gleich essen. Wenn du jetzt Eis isst, kannst du kein Abendbrot essen!» Caroline besteht mit zunehmender Frustration auf ihrem Wunsch, und so geht es weiter, bis sie weint und der Vater sie auf den Arm nimmt und aus der Küche trägt.

Wichtig sind die Motive des Vaters. Er will nicht autoritär sein und tut deshalb, was er kann, damit Caroline begreift, warum er beschlossen hat, dass sie jetzt kein Eis bekommt. Ihm schwebt ein Konsens vor: dass Caroline das Vernünftige seiner Begründung erkennt und einverstanden ist. Er schilt nicht. Er spricht eindringlich und hält ständig Blickkontakt mit ihr. So verfahren diese Eltern auch, wenn Caroline nicht ins Bett oder sich nicht aus der Kinderkrippe abholen lassen will oder wenn sie mitten im Winter Sommerschuhe anziehen will und so weiter.

Sie wünschen keine gefühlsbeladenen Konflikte mit Caroline. In ihrer eigenen Kindheit haben sie mit solchen Konflikten schlechte Erfahrungen gemacht, und sie haben den Kindergarten beide zu einer Zeit besucht, als die Erzieher die Kinder davon zu überzeugen versuchten, dass sich Konflikte grundsätzlich durch Vernunft lösen lassen und dass es falsch ist, unvernünftig zu sein. Die Konflikte mit Caroline geben ihnen das Gefühl, schlechte Eltern zu sein.

Was geschieht, ist Folgendes (**Prozess**): Da der Vater einen Konsens erreichen will und lange mit Caroline im Blickkontakt bleibt und außerdem ihre zunehmende Irritation als Anzeichen dafür versteht, dass er als Erzieher keinen rechten Erfolg hat, geht die Führung (die Verantwortung für die Situation) auf Caroline über. Sie sieht und hört Unruhe und Unbehagen beim Vater und befindet sich plötzlich in einer Position, in der sie die Verantwortung dafür hat, ob er froh oder unglücklich aussieht. Mit anderen Worten, am Ende trägt sie die Verantwortung für das Wohlbefinden des Vaters und dafür, wie lange der Konflikt andauert. Eine solche Verantwortung aber kann kein Kind tragen. Versucht es das trotzdem, dann erscheint es so, als habe das Kind die Macht in der Familie übernommen.

Kinder interessieren sich nicht für Macht. Wenn sie anfangen, ihre Eltern zu tyrannisieren, dann deswegen, weil die Eltern die Führung nicht übernehmen. Ihr «unvernünftiges» Verhalten ist kein Ausdruck der Machtgier, sondern des Schmerzes darüber, dass ihnen zu viel Verantwortung aufgebürdet wird.

Carolines Eltern haben es nicht leicht. Sie kennen nur eine Alternative – nämlich die ihrer eigenen Eltern: «Stell dich nicht so an! Wenn du nicht hörst, was ich sage, musst du ins Bett ... und zwar sofort!», und: «Sei artig! Wenn du nicht gleich artig bist, wird Mama böse!»

Sie tun klug daran, die kritische, herabsetzende, diktatorische und zutiefst verletzende Art und Weise, in der ihnen von ihren eigenen Eltern Grenzen gesetzt wurden, nicht zu wiederholen. Was aber soll der Vater tun, wenn Caroline sich das nächste Mal auf dem Fußboden vor dem Eisschrank niederlässt?

Er kann Folgendes tun: Wenn sie wieder «Eis!» sagt, kann er antworten: «Nein, Caroline, du bekommst jetzt kein Eis. Wir wollen gleich essen.» Beim zweiten Mal: «Caroline, ich gebe dir jetzt kein Eis!» Und er blickt ihr freundlich in die Augen. Wenn sie auf ihrem Wunsch besteht, muss er den Blickkontakt abbrechen, weggehen und etwas anderes tun.

Wenn Caroline ein gesundes und normales Kind ist, wird sie ihren Wunsch noch einige Male wiederholen und dann anfangen zu weinen. Auf diese Reaktion komme ich später wieder zurück. Hier muss sich der Leser mit der letzten Frage der Eltern und mit meiner Antwort begnügen:

- Aber fühlt sie sich dann nicht abgewiesen?
- Doch, hoffentlich. Aber das ist ja auch der Sinn der Sache.

Was die Eltern also tun sollen, ist sehr einfach, aber deshalb nicht unbedingt leicht. Es gelingt nur, wenn sie das, was sie sagen, auch wirklich meinen, und wenn sie es mit gutem Gewissen meinen. Das sind die beiden Momente, die in diesem Falle dazu beitragen, die *persönliche Autorität* zu erzeugen, die notwendig ist, wenn sich keine der beiden Seiten minderwertig fühlen soll.

Es geschieht nichts Falsches. Weder ist es falsch, ein Eis haben zu wollen, wenn man Lust darauf hat, noch ist es falsch zu bestimmen, dass dies nicht der richtige Zeitpunkt ist. Die Situation in dieser Familie hatte sich ohnehin schon so entwickelt, dass sowohl Caroline als auch ihre Eltern unglücklich waren. Die Eltern waren durchaus nicht verantwortungslos, nur wussten sie, als sie ihre Macht anwendeten, nicht, wie sie ihre Verantwortung konstruktiv annehmen sollten.

Was sind Grenzen?

Grob gesagt gibt es zwei Arten von Grenzen, die *generellen* und die *persönlichen*, und beide werden von den Eltern im Laufe der fünfzehn bis zwanzig Jahre entdeckt, in denen die Kinder zu Hause wohnen. In den ersten sechs bis sieben Jahren bemerken wir fast täglich neue Grenzen. Dann tritt eine Pause ein, und wenn die Kinder zwölf, dreizehn Jahre alt werden, geht es wieder von neuem los.

Manche Grenzen haben wir schon, bevor wir Kinder bekommen, und von einigen unserer Grenzen sollten wir uns nach Möglichkeit in dem Augenblick trennen, wenn uns das kleine Wunder zum ersten Mal tief in die Augen schaut. Andere Grenzen behalten wir bei, und wieder andere modifizieren wir im Laufe der Zeit, während wir unsere Kinder kennen- und uns selbst besser verstehen lernen.

Die eigenen Grenzen zu kennen und benennen zu können ist keine notwendige Voraussetzung von Elternschaft, sondern ein lebenslanger Lernprozess, der im Umgang mit dem Partner, den Kindern, deren Partnern, den Enkelkindern und unseren eigenen Eltern stattfindet.

Die generellen Grenzen

Die generellen Grenzen sind diejenigen, die allgemein dort gelten, wo man sich gerade befindet: In dieser Gesellschaft, dieser Familie, dieser Schule, diesem Verein und so weiter verhält man sich so und so und nicht anders. Es sind die allgemein akzeptierten Normen der Kultur, der wir angehören oder in der wir gerade zu Gast sind. Über die generellen Grenzen, von denen wir meinen, dass sie auch innerhalb unserer eigenen vier Wände zu gelten haben, sollten wir nach Möglichkeit genau nachdenken, um zu sehen, ob wir bereit sind, sie zu unseren eigenen zu machen und für sie einzustehen.

Vor nur dreißig bis vierzig Jahren bestand über die generellen Grenzen große Einigkeit. Sie wurden im Großen und Ganzen überall in der Gesellschaft in gleicher Weise deutlich gemacht und aufrechterhalten, und alles war sicher und gut. Das ist jetzt anders. Die Zeit ist vorbei, in der sich Eltern und andere Erwachsene damit begnügen konnten, die generellen Grenzen mit einem schlichten «Das tut man nicht!» zu begründen. Moderne Kinder brauchen nur den Fernseher anzuschalten oder Freunde zu besuchen, um zu entdecken, dass man alles Mögliche tut. Auch sind die Erwachsenen nicht mehr so schnell bereit, sich konformen Spielregeln zu unterwerfen, und es gibt gute Gründe, das zu begrüßen.

Was wir normalerweise Regeln nennen, gehört zu den generellen Grenzen. «Es ist wichtig für die Sicherheit und das Wohlergehen von Kindern, dass man ihnen feste Regeln setzt!», sagen manche Erwachsene aus voller Überzeugung. Andere fragen vorsichtiger: «Wie wichtig ist es für Kinder, dass man ihnen Regeln setzt?»

Regeln, das ist ein Sammelbegriff für Routinevorgänge in der Familie, für Traditionen, Aufgaben, Pflichten. Manche Familien haben aus dem einfachen Grund sehr feste Regeln, weil die Eltern viel arbeiten. Andere haben feste Regeln aufgrund ihrer religiösen Überzeugung und wieder andere, weil sie bestimmten pädagogischen Prinzipien huldigen.

In manchen Familien gibt es feste Regeln, weil die Eltern unsicher werden, wenn es zu viele Wahlmöglichkeiten gibt. In anderen gibt es sie, weil die gesellschaftliche Umgebung autoritär ist, und in wieder anderen hätten die Eltern gern feste Regeln anstelle von Arbeitslosigkeit und Sozialhilfe.

Ich muss gestehen, dass ich nie so recht verstanden habe, was mit dem Ausdruck «feste Regeln» eigentlich gemeint ist. Nach meiner Erfahrung treten gerade diejenigen Eltern besonders nachdrücklich für solche Regeln ein, denen es Mühe macht, die Kinder zu führen, so große Mühe, dass es fast nie gelingt – auch nicht mit festen Regeln.

Diese Eltern haben eines mit den meisten anderen Eltern und Erziehern gemein: Wenn sie etwas tun, um das Verhalten von Kindern zu verändern, und es gelingt nicht, dann reagieren sie oft damit, dass sie desgleichen noch mehr tun – über längere Zeit! Das ist fast ebenso weit verbreitet, wie es unklug ist.

Ich zweifle nicht daran, dass sich die Mehrzahl von Kindern und Erwachsenen am wohlsten fühlt, wenn es in der Familie einige Regeln gibt: zum Beispiel, wann man morgens aufsteht und abends zu Bett geht, wann man seiner Arbeit nachgeht und wann seinen persönlichen Interessen und so weiter.

Meines Wissens gibt es keinen Beleg dafür, dass manche Regeln besser oder gesünder seien als andere. Es sind die Erwachsenen, die in erster Linie die Regeln definieren, und wenn sie in der Lage sind, einige dieser Regeln mit dem Wachsen der Familie und Aufwachsen der Kinder zu verändern und zu modifizieren, dann beweisen Kinder eine nahezu unbegrenzte Fähigkeit zur Anpassung und Zusammenarbeit, ohne ernsthaft Schaden zu nehmen.

Die aktuelle, manchmal heftige Diskussion über die Notwendigkeit, das Leben und Aufwachsen von Kindern durch Regeln und Grenzen zu strukturieren, entbehrt für meine Begriffe häufig einer wichtigen Dimension: Wir vergessen, wie radikal sich das Leben der Kinder im Laufe der letzten zwanzig bis dreißig Jahre verändert hat.

Mit gewissem Erfolg haben wir die psychische und existenzielle Härte abgeschafft, der die Kinder früher in der Familie und in der Schule unterworfen waren. Anstelle von Kontrolle und Anpassung haben wir Verantwortlichkeit und Entwicklung ins Zentrum gestellt. Parallel dazu aber hat sich die Gesellschaft so entwickelt, dass die Kinder in eine sehr feste Struktur gezwängt werden.

Manche modernen Kinder haben weniger Zeit zusammen mit ihren Eltern, als für beide Seiten gut ist, besonders in den ersten zwei bis drei Lebensjahren. Sie werden von wechselnden fremden Personen betreut, die ihnen in unterschiedlichem Maße zu sagen vergessen, wann sie im Urlaub sind, eine neue Arbeit suchen, wann sie einen Teilzeitjob haben und so weiter. Sie arbeiten unter Bedingungen, unter denen kaum Zeit für ein richtiges «Guten Tag» und «Auf Wiedersehen» ist, ganz zu schweigen davon, dass sie das Kind kaum einmal von Anfang bis Ende durch eine ganze Entwicklungsphase begleiten können.

Oft müssen Kinder sich von Zeit zu Zeit verschiedenen

Familienkonstellationen anpassen, je nach dem Tempo, in dem Eltern sich scheiden lassen, mit einem neuen Partner zu sammenziehen und wieder auseinandergehen. Dazu kommen neue Stiefgeschwister und Halbgeschwister und wechselnde Großeltern, zu denen ihnen der Kontakt entweder aufgezwungen oder verboten wird.

Als Scheidungskinder sollen sie in zwei verschiedenen Haushalten zurechtkommen, sie sollen ihre Freizeitaktivitäten mehr und mehr selbst organisieren, und natürlich sollen sie sich an der täglichen Organisation des Familienlebens beteiligen, entweder aus praktischer Notwendigkeit oder weil die Eltern die Idee haben, die Kinder müssten auf den Ernst des Lebens vorbereitet werden.

Eine entsprechende Lebenssituation würden Erwachsene in aller Regel nicht bewältigen, ohne höchst frustriert oder, wie wir bei Erwachsenen sagen, gestresst zu sein.

Es ist leider bezeichnend für unsere gegenwärtige Gesellschaft, dass wir Kinder psychologisch untersuchen und zwangstherapieren lassen, während wir Erwachsenen eine längere Krankschreibung oder Beurlaubung nahelegen oder irgendetwas anderes, womit sie sich einmal etwas Gutes tun können. Das ist nach meiner Auffassung unsachlich und auch unethisch, und ich kann kaum begreifen, dass Fachleute und Eltern dabei mitmachen.

Diese Überorganisation des Kinderlebens lässt sich nicht dadurch ausgleichen, dass man die generellen Grenzen innerhalb der Familie aufhebt, aber es dürfte klug sein, sich zweimal zu überlegen, ob denn wirklich noch *mehr* Regeln und Grenzen notwendig sind, wenn man als Mutter oder Vater frustriert ist und das Gefühl hat, dass man die Kontrolle über das Verhältnis zu den Kindern verliert.

Den allermeisten Kindern fällt es sehr leicht, sich generellen Grenzen unterzuordnen. Das geschieht ständig in der Schule, im Kindergarten, im Sportverein, in Pfadfinderlagern und Kindergruppen. Die einzige Voraussetzung ist, dass ihre persönlichen Grenzen nicht verletzt oder völlig niedergerissen werden.

Die persönlichen Grenzen

Das Wort *persönlich* beinhaltet, dass die Grenzen, von denen im Folgenden die Rede sein soll, individueller Art sind. Sie ergeben sich daraus, dass Eltern unterschiedliche Persönlichkeiten, verschiedene Temperamente, verschiedene Hintergründe, verschiedene Wertvorstellungen, wechselnde Stimmungen etc. haben.

- Ich möchte nicht, dass du jetzt Musik hörst. Ich bin müde.
- Nein, ich will dir jetzt nichts vorlesen. Ich möchte meine Zeitung lesen.
- Ich will nicht, dass du mir wehtust. Sag mir, warum du so wütend bist.
- Wenn ich dir bei deinem Aufsatz helfen soll, muss es heute oder morgen sein. Den Rest der Woche habe ich keine Zeit.
- Du sollst nicht mehr in unserem Bett schlafen. Mama und ich wollen allein schlafen.
- Nein, ich will keine Pizza machen. Heute mache ich Frikadellen.

- Ich verstehe, dass du einen freien Tag haben willst, aber ich will mir heute nicht freinehmen.
- Ich will gern mit dir spielen – aber erst in einer halben Stunde, wenn ich mit der Küche fertig bin.
- Ich verstehe, dass dir dieses Fest wichtig ist. Im Moment weiß ich aber nicht, ob ich dich hingehen lassen will. Lass mir Zeit bis morgen, damit ich es mir überlegen kann … Nein, ich will dir jetzt nicht antworten.
- Ja, das Kleid, das du bei Omas Geburtstag getragen hast, ist schön, du siehst sehr hübsch darin aus. Aber ich will nicht, dass du es heute im Kindergarten trägst. Es ist nicht warm genug … Nein! Weil es zu kalt ist und weil ich es nicht will!

Ich werde einige dieser Grenzen später allgemeiner untersuchen. Schauen wir erst einmal, was für sie, so wie sie da stehen, bezeichnend ist.

Sie sind alle in einer *persönlichen Sprache* ausgedrückt: Ich will … Ich will nicht. Sie sagen: «Hier bin ich», «So bin ich», «Für diese Meinung stehe ich», sodass das Kind nicht zu zweifeln braucht, wo der Vater oder die Mutter gerade steht. Es besteht Kontakt. Die persönliche Sprache ist immer *warm*, einerlei, ob sie ja sagt oder nein. Alle anderen Sprachen sind kühler, deshalb bewirken sie einen schlechteren Kontakt und damit auch ein schlechteres Resultat.

Es ist gesagt worden, dass Kinder Grenzen suchen oder Grenzen testen, als ob sie es bewusst täten, um zu sehen, wie weit sie gehen können, und als ob sie die Eltern manipulieren wollten. Nach meiner Erfahrung ist das nicht der Fall.

Die Kinder, an die man dabei denkt, sind des Kontakts mit ihren Eltern nicht sicher, und ihre Eltern sind ihrerseits unsicher im Kontakt mit den Kindern. Sie drücken sich fast nie persönlich aus, und deshalb können die Kinder nicht erkennen, wo sie stehen. Vielleicht suchen die Kinder tatsächlich Grenzen, aber sie tun es deshalb, weil sie sie nicht kennen. Wenn ein Kind die Grenzen der Eltern nicht kennt, wird es unsicher, völlig passiv oder hyperaktiv und auf jeden Fall einsam.

Kinder suchen keine Grenzen, sie wollen Kontakt. Das Zusammensein mag ausreichend sein, und die Eltern mögen durchaus mit den Kindern reden, aber es fehlt an der Qualität dessen, was sie sagen. Die Einsamkeit dieser Kinder kommt nicht daher, dass sie von ihren Eltern nicht geliebt werden, sondern die Eltern sind nicht in der Lage, ihr Herz sprechen zu lassen. Genauso verhält es sich mit einem erwachsenen Partner. Wenn er nicht artikuliert, was er will und was er nicht will und was er denkt und fühlt, dann wird man einsam mit ihm, wie liebevoll und rücksichtsvoll er sonst auch sein mag.

Die Sprache der Kinder ist von Anfang an persönlich. Wenn sie mit einer Bitte kommen, wollen sie immer zwei Dinge gleichzeitig: die Eistüte oder die Geschichte, die vorgelesen werden soll, oder das neue Fahrrad *und* Kontakt. Sie kommen gut ohne die Eistüte aus, aber nicht ohne den Kontakt. Die Kinder selbst wissen das in ihrem Alltagsbewusstsein nicht, sie glauben, es gehe hauptsächlich um die Eistüte, und deshalb ist es wichtig, dass die Eltern es wissen.

Unsere Sprache wird nicht dadurch persönlich, dass wir *du* und *man* durch *ich* ersetzen. Es gehört mehr dazu, zum Beispiel, dass wir *meinen*, was wir sagen. Es muss zu spüren sein, dass *wir selbst* sprechen. Manchmal hören wir uns etwas Altbekanntes wiederholen: «Ich *weiß* einfach, dass ich diese Meinung vertrete.» Ein anderes Mal entdecken wir etwas völlig Neues: «Aha, so halte ich es damit!»

Man könnte sagen, dass die Betonung an der richtigen Stelle liegen muss. Nicht: «Das ist nun einmal meine *Meinung*», sondern: «Das ist nun einmal *meine* Meinung.» Den meisten von uns verlangt diese Ausdrucksweise Nachdenken und Training ab. Wir müssen zusammen mit den Kindern experimentieren und ein Fiasko ertragen können, und wir müssen mit anderen Erwachsenen sprechen, um uns selbst zu finden.

Zurück zu den Grenzen. Abgesehen davon, dass sie persönlich sind, sind sie gleichwertig und gleichberechtigt. Der Standpunkt des Erwachsenen kommt ohne Appell und ohne verdeckte Vorbehalte und Selbstkritik zum Ausdruck, und er ist den Kindern gegenüber frei von Kritik und Herablassung.

Mit Gleichwertigkeit und Gleichberechtigung ist gut zurechtzukommen, ob man nun ein Kind oder ein Erwachsener ist. Bei allen anderen Ausdrucksweisen als der persönlichen kann man nur reagieren, indem man nachgibt, sich abfindet oder protestiert.

Außerdem bekommen die Kinder eine Erklärung, warum die Grenzen des Vaters oder der Mutter gerade jetzt gerade hier verlaufen. Die Erklärung ist kurz, klar und aufrichtig, nicht manipulierend und nicht so formuliert, dass sie überzeugen soll.

Einige unserer persönlichen Grenzen können wir nicht erklären, nicht einmal uns selbst. Sie sind einfach da. Das macht es schwieriger für Kinder, sie zu verstehen, aber nicht, sie zu respektieren. Kinder respektieren die Grenzen der Eltern nicht, weil die Eltern sie begründen können, sondern weil sie die Person respektieren, die diese Grenzen hat. Weitläufige Ad-hoc-Erklärungen machen die Grenzen nur undeutlicher. Da ist es besser, die Wahrheit zu sagen: «Ich weiß nicht, warum ich das meine, aber ich meine es. Ich will, dass es so gemacht wird.»

Im Übrigen haben die Kinder dann auch gleich ein gutes Vorbild, wenn sie größer werden und selbst Stellung zu Alkohol, Kriminalität, Drogen etc. nehmen müssen. Es ist für sie gut zu wissen, dass man durchaus einer inneren Stimme folgen kann, wenn von außen Druck ausgeübt wird und man die anderen vom Richtigen oder Vernünftigen des eigenen Standpunkts nicht überzeugen kann.

Wo liegen meine Grenzen?

Einige unserer Grenzen haben wir von zu Hause mitbekommen, von der Familie, aus der wir kommen. Da liegen Spreu und Weizen bunt gemischt. Die Grenzen, die unsere Eltern uns gesetzt haben, mögen für beide Seiten zum Teil gut und konstruktiv gewesen sein, und die Art und Weise, wie sie gesetzt wurden, mag liebevoll und respektvoll gewesen sein. Es ist durchaus sinnvoll, diese Grenzen an die nächste Generation weiterzugeben.

Andere Grenzen waren zwar vor fünfundzwanzig Jahren ganz vernünftig, sind aber inzwischen durch die allgemeine Entwicklung überflüssig geworden. Andererseits ist es wegen ebendieser Entwicklung notwendig geworden, neue Grenzen abzustecken, über die unsere eigenen Eltern noch nicht nachgedacht haben.

Unsere Eltern haben auch Grenzen gesetzt, die sehr unvernünftig waren, und manchmal auf eine Weise, die für unsere eigenen persönlichen Grenzen verletzend und demütigend gewesen ist. Oft nehmen wir bewusst Abstand von diesen Grenzen und geloben uns, unsere eigenen Kinder niemals so zu behandeln. Und dann tun wir es doch!

Wir tun es nicht, weil wir dumm oder vergesslich sind, sondern weil wir unsere Eltern geliebt haben und Vertrauen zu ihnen hatten. Wir haben mit ihnen kooperiert[3], und wenn es zu schmerzhaft wurde, sind wir zu dem Schluss gekommen, dass mit uns selbst etwas nicht stimmt. Wir glaubten, wir hätten uns schuldig gemacht und hätten die Behandlung, die wir bekamen, verdient. Wir glaubten, wir hätten es uns selbst zuzuschreiben.

Viele von uns haben das, was ganz besonders wehgetan hat, vollkommen vergessen. Der Schmerz war so groß, dass wir ihn aussortieren, verdrängen mussten. Wenn wir dann selbst Kinder bekommen, taucht er mit großer Sicherheit wieder auf, aber nicht notwendigerweise als Schmerz, sondern als Wiederholung der Muster unserer Eltern, und wenn wir nicht auf der Hut sind, geben wir den Schmerz weiter, anstatt die Verantwortung für ihn zu übernehmen.

Glücklicherweise entschließen wir uns oft dazu, Kinder mit einem Menschen zu haben, der ganz andere schmerzhafte Erfahrungen hat als wir selbst. Die wunden Punkte des anderen nehmen wir eher wahr als unsere eigenen. Wenn diese gegenseitige Wahrnehmung der Eltern nicht ausreicht, ist ihnen zu raten, auf die Situationen achtzugeben, in denen sie sich über ihre Kinder ärgern. Oft scheint der Ärger irrational und unlogisch zu sein, also im Widerspruch zu ihrer Haltung zu stehen, und der Grund ist oft der, dass einer der blauen Flecken der Kindheit berührt worden ist.

So viel zum Erbgut und nun zum Strandgut. Strandgut ist

all das Lose, das wir ringsumher aufsammeln, beim Fernsehen, von Erziehern, von Brüdern und Schwestern, Freunden und Nachbarn, aus Büchern und Vorträgen. Manches davon ist wert, dass es in unsere Familie Eingang findet, anderes ist völlig ungeeignet.

Sowohl das Erbgut als auch das Strandgut werden erkennbar, wenn Eltern dem Gehör schenken, was ich manchmal «den automatischen Elternanrufbeantworter» nenne. Das ist ein Ding, das sich ganz automatisch einschaltet, sobald ein Kind in Hörweite kommt. Es leiert seine Weisheiten mit großer Sicherheit herunter, wenn wir unsere Kinder in die Stadt, zu Besuch, ins Restaurant etc. mitnehmen.

Es sagt zum Beispiel: «Putzt eure Füße ab», während die Kinder längst dabei sind, die Schuhe ganz auszuziehen, oder es sagt: «Sagt bitte guten Tag!», wenn sie es schon von sich aus tun. Kinder lernen im Laufe von vier bis fünf Jahren, solche Anweisungen zu überhören, aber die Botschaft selbst überhören sie nicht: «Wenn wir dich nicht dran erinnern würden, würdest du nie etwas richtig machen.»

Viele Eltern täten gut daran, von Zeit zu Zeit sich selbst zuzuhören. Bis zu fünfzig Prozent dessen, was uns automatisch aus dem Mund fällt, erweist sich bei näherem Nachdenken als unhaltbar, und auch vom Rest ließe sich ohne große Verluste vieles streichen.

Die große Frage ist, ob es überhaupt notwendige und gute Grenzen gibt, die wir den Kindern setzen müssen. Sehen wir von selbstverständlichen Verhaltensregeln ab, wie zum Beispiel, dass wir sie zurückhalten, wenn sie bei Rot über die Straße laufen wollen, lautet die Antwort nein.

Die wichtigste Frage müssen alle Eltern sich selbst stellen, sie lautet: Welche Grenzen muss ich um mich selbst errichten, um mich mit mir und meinen Kindern wohlfühlen zu können? Wie grenze ich mich im Verhältnis zu ihnen so ab, dass wir Kontakt und Nähe, die wir alle wünschen, etablieren und erweitern können?

Wer heute Mutter oder Vater wird, sieht sich in einer ganz neuen Situation. Heutige Eltern haben, als sie Kinder waren, mehr Zeit mit professionellen Erziehern zugebracht als mit den eigenen Eltern. Sie haben viel Erfahrung darin, wie Erzieher mit verschiedenen Situationen umgehen, jedoch weniger damit, wie die Eltern es machen würden. Sie verfügen nicht über das Know-how, das man sich nur erwerben kann, wenn man mit seinen Kindern über längere Zeit den ganzen Tag zusammen ist.

Das Selbstverständnis von Erziehern ist lange Zeit darauf ausgerichtet gewesen, dass sie *professionell* zu sein haben. Professionell bedeutete unter anderem *nicht persönlich*, und nicht persönlich bedeutet, dass man sich bemüht, in Übereinstimmung mit einer Theorie (oder mehreren) zu handeln. Es bedeutet nicht, dass man kalt ist oder ohne Engagement, sondern dass man mehr vom Kopf als vom Herzen her handelt. In mancher Hinsicht hat dieses fachliche Ideal seinen guten Sinn, denn wenn wir nur spontan sind, reagieren wir oft unzweckmäßig. Für Eltern ist es aber kein besonders gutes Modell.

Dass man sich etwa von professionellen Erziehern und Büchern inspirieren lässt, ist gut und schön, aber dass Eltern sich bemühen, mehr nach Theorien und Idealen zu handeln als aus sich selbst heraus, ist nicht ratsam. Es beeinträchtigt den lebenswichtigen persönlichen Kontakt zwischen ihnen und den Kindern. Ganz schlecht geht es, wenn sie eine sehr fest gefügte Ideologie haben, in die sie selbst und ihre Kinder hineinpassen sollen. Dabei spielt es keine große Rolle, ob diese Ideologie religiösen, politischen, pädagogischen oder philosophischen Ursprungs ist.

Für beide Seiten, Eltern wie Kinder, ist es besser, wenn die Eltern versuchen, sie selbst zu sein und zu sich zu stehen, statt «richtig» zu sein. Authentische Eltern sind besser als theoretische Eltern. Eltern, die Fehler machen und die Verantwortung für ihre Irrtümer auf sich nehmen, sind besser als solche, die perfekt zu sein versuchen. Perfektionistischen Eltern gegenüber fühlen Kinder sich immer missraten, und wer sich als Kind missraten fühlt, missrät oft auch in Wirklichkeit.

Zwei Eltern – zwei Arten von Grenzen

In früherer Zeit wurde den Eltern gesagt, es sei wichtig, dass sie sich über die Kindererziehung einig seien. Gleichzeitig wurden sie gewarnt, dass die Kinder die Macht übernehmen würden, wenn sie die Möglichkeit dazu bekämen. Kindererziehung wurde vielfach als Machtkampf zwischen Kindern und Erwachsenen verstanden, den die Erwachsenen natürlich nach Möglichkeit gewinnen sollten. Deshalb war es wichtig, dass die Eltern eine gemeinsame Front gegen die Kinder bildeten.

Heute haben Eltern mehr Möglichkeiten. Sie können ihr Verhältnis zu den Kindern nach wie vor als Machtkampf verstehen, und dann empfiehlt es sich natürlich, dass sie eine gemeinsame Front bilden. Ich rate nicht dazu, aber es ist eine Möglichkeit.

Eine andere Möglichkeit ist die, Gleichwertigkeit anzustreben.[4] Gleichwertigkeit zwischen Mann und Frau, Erwachsenen und Kindern verschafft nach meiner Erfahrung allen Beteiligten die besten Möglichkeiten, sich gesund zu entwickeln und Nähe und Gemeinsamkeit herzustellen.

Eine Gemeinschaft gleichwertig zu gestalten bedeutet unter anderem, dass man die Verschiedenartigkeit der Partner anerkennt und als einen Gewinn für die Gemeinschaft betrachtet. Das ist nicht ganz leicht zu erreichen, besonders nicht für Eltern, die selbst in einer Gesellschaft und in Familien aufgewachsen sind, in denen Gleichartigkeit das Ideal war und Verschiedenartigkeit eine Bedrohung.

Eltern haben unterschiedliche Erfahrungen, verkörpern verschiedene Persönlichkeiten, haben verschiedene Wertvorstellungen und sind (meistens) verschiedenen Geschlechts. Intellektuell mögen sie sich manchmal einig sein in Fragen der Kindererziehung und der Grenzen, ihre Praxis aber wird immer unterschiedlich sein. Das gilt vor allem für die *generellen* Rahmen und Grenzen. Die *persönlichen* Grenzen sind ohnehin von Anfang an verschieden und werden verschieden bleiben.

Es lässt sich nicht vermeiden, dass die Verschiedenartigkeit der Eltern manchmal zum Problem wird. Wenn dieser Fall eintritt, kann man ihn entweder als ein *Problem* verstehen, das gelöst werden muss, oder als *Herausforderung*, die die Familie weiterbringen wird. Spontan erleben die meisten Menschen ihn als Problem, und meist muss man ein paar Mal tief Atem holen, ehe die Herausforderung sichtbar wird.

Diese Herausforderung ist immer die gleiche: Die Eltern müssen den eigenen und den Standpunkt des anderen erforschen. Warum denke ich, wie ich denke? Was veranlasst dich, zu denken, wie du denkst? Was sind unsere Erfahrungen? Das kann provozierend sein, und es lässt sich nicht immer vermeiden, dass man Dinge an sich selbst entdeckt, die wenig schmeichelhaft sind.

Im Ausgangspunkt hat keiner der Partner von vornherein recht. Das muss aus zwei Gründen so sein: erstens, weil die Eltern zusammengenommen nur ungefähr die Hälfte dessen mitbringen, was für das Gelingen des Familienlebens notwendig ist, und die andere Hälfte erst gemeinsam entwickeln müssen. Keiner kann oder weiß alles. Das Ziel ist nicht, eine «richtige» Familie zu schaffen, sondern *unsere* Familie. Zweitens kommt es, wenn einer von vornherein recht zu haben glaubt, lediglich zu einem Machtkampf, und bei Machtkämpfen in der Familie gibt es keinen Sieger, sondern nur Verlierer.

In Familien mit einem Elternpaar gibt es männliche und weibliche Werte. Jungen und Mädchen entwickeln sich am besten, wenn beide Kategorien vertreten sind. Väter können durchaus auch weibliche Werte repräsentieren, ebenso wie Mütter auch die männlichen vertreten können. Manche Eltern können dies ohne weiteres aufgrund ihrer eigenen Kindheit, andere müssen es erst langsam lernen. Auf jeden Fall werden die Werte zuweilen in scharfem Gegensatz zueinander stehen und zuweilen miteinander verschmelzen.

Ein Beispiel

Ein Vater erzählt folgende Geschichte: «Wir haben zwei Töchter – die ältere ist viereinhalb Jahre und die jüngere sieben Monate alt. Schon seit der Geburt unserer ersten Tochter haben meine Frau und ich eine sehr harmonische Beziehung, und wir haben uns alle drei sehr auf das neue Kind gefreut. Auch unsere ältere Tochter Line war froh, dass sie eine kleine Schwester bekommen sollte, und manchmal legte sie ihre Hand eine halbe Stunde lang auf den schwangeren Bauch meiner Frau und erzählte ihrer kleinen Schwester alles Mögliche.

Als die Kleine dann geboren war, mochte Line sie anfangs sehr gern. Sie streichelte sie, half beim Wickeln und zeigte sie froh und stolz vor, wenn jemand zu Besuch kam. Alles war Harmonie und Idylle – bis vor einem Monat.

Manchmal sitze ich mit beiden Mädchen auf dem Sofa, eins auf jedem Knie, und wir amüsieren uns. Aber eines Tages war die Kleine anscheinend ganz plötzlich erschrocken und fing an zu weinen, und das wiederholte sich einige Male, bis ich den Grund erkannte. Line fand eine Gelegenheit, mit einer Hand unter meinem Arm hindurch die Kleine ins Bein zu kneifen oder sie an den Haaren zu ziehen.

Ich weiß wohl, dass die Große eifersüchtig auf die Kleine ist, darauf bezieht sich meine Frage nicht. Ich möchte wissen, ob ich falsch damit umgehe. Ich mache Folgendes: Zuerst lege ich die Kleine aufs Sofa und beruhige sie. Dann nehme ich Line auf den Arm und trage sie in ihr Zimmer. Dort stelle ich sie – ein bisschen hart – auf den Fußboden und schelte sie aus und sage zu ihr, dass sie lieb sein soll zu ihrer kleinen Schwester. Ist das falsch? Und wenn ja, was soll ich stattdessen tun?»

Meine Antwort: «Ja, es ist falsch! Ich mache Ihnen einen Vorschlag, was Sie stattdessen tun sollten, aber vorher muss ich erklären, wie ich Lines Verhalten verstehe. Dann können Sie besser beurteilen, ob es für Sie der Mühe wert ist, meinem Vorschlag zu folgen.

‹Eifersucht zwischen Geschwistern› ist eine etwas altmodische Beschreibung für das, was in Line vorgeht. Sie ist nicht in dem Sinne eifersüchtig, wie wir es von Erwachsenen kennen, sondern ist bemüht, sich einer Veränderung in Ihrer Familie anzupassen, die in ihrer Erlebniswelt sehr umwälzend ist. In ihrem Alter eine kleine Schwester zu bekommen, das ist ungefähr so, als ob Ihre Frau eines Tages von der Arbeit nach Hause käme und Ihnen mitteilte, sie werde von jetzt an mit zwei Männern verheiratet sein und der neue Mann werde in der nächsten Woche einziehen. Das ist eine so radikale Veränderung Ihrer Lebenssituation, dass es auch ohne Eifersucht einige Zeit dauert, sich daran zu gewöhnen.

Es gibt ganz einfach nur noch halb so viel Zeit, halb so viel Platz und halb so viel Aufmerksamkeit für sie. Das ist ein Verlust von Dimensionen, einerlei, ob man vier oder vierzig Jahre alt ist. Möglicherweise ist Line auch eifersüchtig, aber das wird man nicht im Laufe von sechs Monaten, es sei denn, die Eltern machen einen Unterschied zwischen den Schwestern, der konstant zu spüren ist. Wir beobachten, dass erwachsene Geschwister eifersüchtig aufeinander sind, und glauben dann, dass sie es von Anfang an waren.

Das ist die eine Ursache für Lines Kneifen. Die andere ist, dass sie *kooperiert*. Das tun alle Kinder, manchmal direkt, manchmal spiegelverkehrt. In diesem Falle geschieht es direkt. Die kleine Schwester ist ein Wunschkind. Beide Eltern haben sich ein zweites Kind gewünscht und sich über eine unproblematische Schwangerschaft und eine gelungene Geburt gefreut. Line ebenso. Die Eltern waren froh und in die Kleine verliebt, als sie kam. Line auch. Die Kleine kam in einer Zeit, in der in der Familie Harmonie herrschte und ein Kräfteüberschuss vorhanden war. Line ist ein Teil davon. Die ganze Familie war voller Liebe, Fürsorge und Freude. Auch Line.

Der Unterschied zwischen den Eltern und Line ist der,

dass es für sie auch *anstrengend* ist, eine kleine Schwester zu haben. Sie hat nicht nur positive und freudige Gefühle, sondern auch traurige und frustrierte. Die hat sie seit sechs Monaten, und in dieser Zeit hat sie beobachtet, ob auch die Eltern solche Gefühle haben und wie sie damit umgehen. Das war nicht der Fall, die Eltern haben diese Gefühle nicht, und deshalb ist Line zu dem Schluss gekommen, dass mit ihren Gefühlen etwas nicht stimmt. Deshalb versucht sie, sie zu unterdrücken, und als das nicht gelingt, versucht sie, sie auszudrücken, heimlich.

Das ist kein schlechter Einfall, wenn man bedenkt, dass sie erst vier Jahre alt ist und nicht einfach zu den Eltern gehen und sagen kann: ‹Hört mal, ihr seid anscheinend dauernd froh und zufrieden mit eurem neuen Kind. Ich mag sie auch gern, aber ich finde es nicht leicht, mich daran zu gewöhnen, dass ich jetzt öfter ganz allein sein muss. Ich bekomme allmählich ein schlechtes Gewissen, weil ich das alles nicht ganz so romantisch finde wie ihr. Was soll ich tun?›

Wenn ich auf Ihre Frage, ob es falsch sei, was Sie tun, ein wenig ausholend geantwortet habe, dann deshalb, weil ich der Meinung bin, dass Kinder nicht dafür bestraft werden sollten, dass sie kooperieren.

Ich möchte folgenden Vorschlag machen: Wenn es wieder vorkommt, beruhigen Sie wie üblich erst einmal die Kleine. Dann nehmen Sie Line auf den Schoß, geben ihr einen Kuss auf die Stirn, streicheln sie ein bisschen im Nacken und sagen etwa Folgendes: ‹Line, ich begreife auf einmal, dass du manchmal ein bisschen irritiert sein musst wegen deiner kleinen Schwester. Ich merke es erst jetzt, wo du sie kneifst – vielleicht, weil ich selbst ihretwegen bisher nicht irritiert gewesen bin. Findest du, sie nimmt viel Platz ein in unserer Familie?›

Sagen Sie es mit Ihren eigenen Worten, damit es für Sie selbst richtig klingt. Sie brauchen Line nicht zu kritisieren, weil sie kneift. Dass *das* falsch ist, braucht man ihr nicht zu sagen, das weiß sie schon. Was sie hören muss, ist, dass *sie selbst* nicht falsch ist. Sie sagen ihr das am besten, indem Sie ihre Gefühle akzeptieren.»

Die beiden Eltern waren offensichtlich gerührt. Der Vater, weil er froh war, eine Alternative zu etwas erhalten zu haben, bei dem ihm nicht ganz wohl zumute war, obwohl er es intellektuell rechtfertigen konnte. Bei der Mutter lagen die Dinge anders. Sie erklärte: «Ich wusste, dass es falsch war, was mein Mann tat, aber ich habe mir eingebildet, dass es falsch war, weil er zu hart ist an einem Punkt, an dem ich weicher sein würde. Ich glaube, das mache ich oft, ich kritisiere an ihm, dass er hart ist, statt herauszufinden, was eigentlich vorgeht.»

Diese letzte Bemerkung der Mutter verweist auf einen Konflikt zwischen dem Maskulinen und Femininen, in den die meisten Eltern hineingeraten. Manchmal sind Väter wirklich zu kantig und Mütter zu rund, aber das ist eigentlich nicht besonders wichtig. Wichtiger ist, dass sie mit sich selbst übereinstimmen, wenn sie die Grenzen dafür abstecken, was sie zulassen wollen und was nicht. Das sicherste Zeichen dafür, dass man in die Irre geht, ist diese kleine innere Unruhe und Skepsis, die diesen Vater veranlasste, seine Frage zu stellen. Wenn sie sich meldet, ist es an der Zeit nachzudenken, ehe man handelt – beim nächsten Mal.

Eine Situation wie diese hat mit den generellen Grenzen zu tun («Wir lassen in dieser Familie nicht zu, dass man einander physisch attackiert!»), und es ist wichtig, dabei mit sich selbst und dem Partner in Übereinstimmung zu sein. Die persönlichen Grenzen der Eltern aber werden immer unterschiedlich sein. Und wenn diese Unterschiede von Zeit zu Zeit zum Problem werden, sollte man sich daran erinnern, dass zwei Menschen beteiligt sind: ein Elternteil und ein Kind. Es genügt nicht, darüber zu diskutieren, was für das Kind gut ist. Mindestens ebenso wichtig ist es, darüber zu sprechen, was für den Erwachsenen gut ist, der sich zu bewähren hat.

«Was willst du, wie soll es sein?», ist die erste wichtige Frage. Wenn sie beantwortet ist, lautet die nächste: «Wie kannst du es erreichen, ohne das Kind zu verletzen?» Wenn das Resultat immer noch unbefriedigend ist, ist die nächste Frage: «Kann man das, was du erreichen willst, von einem Kind in diesem Alter vernünftigerweise überhaupt erwarten?»

Wo liegen die Grenzen des Kindes?

Es ist wichtig, dass Eltern lernen, auf ihre eigenen Grenzen zu achten. Dafür ist nicht das Kind verantwortlich. Ebenso wichtig ist es, dass das Kind lernt, auf seine Grenzen zu achten. Dafür sind die Eltern verantwortlich.

Diese doppelte Verantwortung erklärt sich daraus, dass Säuglinge und Kleinkinder nicht in der Lage sind, ihre eigenen Grenzen zu schützen. Sie können ihre Umwelt auf sie aufmerksam machen, aber sie können sich nicht gegen Verletzungen und Übergriffe wehren.

Wenn ein Kind die Sorge der Erwachsenen um ihre eigenen Grenzen erlebt, lernt es, auf die Grenzen anderer achtzugeben, wenn es einige Male auf sie gestoßen ist. Werden die

Grenzen des Kindes von den Erwachsenen verletzt, reagiert das Kind entweder so, dass es die Grenzen anderer verletzt, oder so, dass es introvertiert und sich selbst gegenüber destruktiv wird. In unserem Teil der Welt sind es meist die Jungen, die aggressiv reagieren, und die Mädchen, die selbstdestruktiv reagieren, obwohl auch dieses Bild im Begriff ist, sich zu verändern.

Wenn Kinder auf Verletzungen reagieren, indem sie ihrerseits verletzen, wollen sie sich damit nicht an den Erwachsenen rächen. Verletzungen sind für sie vielmehr ein Bestandteil der Kultur ihrer Familie geworden, sie erkennen in ihnen die Art und Weise der Liebe ihrer Eltern wieder, deren Urteilskraft sie vollkommen vertrauen.

Was wir als gute und liebevolle Erziehung zu verstehen gelernt haben, ist für Kinder zum Teil verletzend. Viele Eltern haben das durchaus bemerkt, haben sich aber aus Angst, verantwortungslos zu handeln, dieser Erkenntnis verschlossen. Es ist ein unglückliches Paradox, dass sie in einer Zeit, in der das Ziel die Mittel heiligte, aus Liebe zum Kind nicht auf ihr Herz hörten.

Dieses Paradox lebt in manchen Eltern immer noch unter der Oberfläche fort und steuert ihre Handlungen, wenn sie unsicher und frustriert sind. Es gibt eine magische Formel, die es auflösen kann: Behalte die Reaktionen des Kindes im Auge und nimm sie ernst.[5]

Säuglinge sind ein gutes Beispiel. Kommt man ihrem Gesicht ganz nahe und lächelt und sagt «Hallo!» oder «Du meine Güte, wie nass du bist. Pass auf, jetzt kriegst du eine schöne trockene Windel, und dann essen wir und machen es uns gemütlich», dann kann es vorkommen, dass das Gesicht des Kindes fünf oder zehn Sekunden lang ganz ausdruckslos ist, bis es plötzlich lebendig wird und auf die Zuwendung reagiert. Das Kind hat eine Grenze deutlich gemacht: «Ich brauche ein bisschen Zeit, um mich auf den Kontakt mit dir einzustellen. Hab ein bisschen Geduld, dann werde ich dir schon antworten.»

Übersieht die Mutter diese Grenze und reagiert übereifrig, indem sie sich dem Kind aufdrängt, dann gerät das Kind in Stress, und statt des Lächelns, zu dem sie eingeladen hatte, erhält sie eine unzufriedene Grimasse. In der Hoffnung, dem Kind doch noch ein Lächeln zu entlocken, wird sie immer eifriger und spricht lauter und lauter, und schließlich beginnt das Kind zu weinen und zu strampeln.

Diese Mutter steht vor einer Entscheidung, die alle Eltern tagtäglich treffen müssen: Will ich lernen, mein Kind zu lieben, oder will ich bestätigt wissen, dass es mich liebt? Wir sind nicht alle, wenn wir Eltern werden, reif genug, die richtige Entscheidung zu treffen. Eine Zeit lang kommen die Kinder damit durchaus zurecht, vorausgesetzt, sie merken, dass wir bereit sind, zusammen mit ihnen zu lernen. Und sollten wir dazu nicht bereit sein, lieben sie uns deswegen nicht weniger. Sie lieben sich selbst weniger.

Die persönlichen Grenzen von Kindern sind so verschiedenartig wie diejenigen von Erwachsenen, und so wie die Kinder die Grenzen ihrer Eltern erst allmählich kennenlernen, indem sie nach und nach auf sie stoßen, erkennen die Erwachsenen die des Kindes erst im Laufe der Zeit, während es aufwächst.

Unterdessen können die Eltern sich darin üben, die besonders augenfälligen Grenzen des Kindes zu respektieren. Wenn es den zehnten Löffel Gemüsebrei ausspuckt, bedeutet das: «Nein danke, ich bin satt.» Dann schaut man es freundlich an und antwortet: «Aha, du hast keinen Hunger mehr.» Wendet es das Gesicht ab und will sich nicht küssen lassen, lautet die Antwort: «Ach, einen Kuss hätte ich schon gern, aber dann muss ich eben warten.» Ist das Kind, nachdem es ins Bett gebracht worden ist, hellwach und lachlustig, mag der Kommentar lauten: «Ich sehe, du willst noch spielen, aber ich will nicht.» Es geht hier darum, dass die Grenzen von Kindern anerkannt und respektiert werden müssen, nicht darum, dass man sich ihnen demütig unterwirft.

Ich komme, wie oben angekündigt, auf die Grenzen der Erwachsenen zurück und möchte auf einige der geläufigsten Methoden, sie zu verdeutlichen, zu sprechen kommen und zugleich auf einige Gründe dafür, dass der Versuch misslingen kann.

- *Ich möchte nicht, dass du jetzt Radio hörst. Ich bin müde.*

In der Vergangenheit haben die Eltern es zum Beispiel so versucht:

- Musst du eigentlich immer Radio hören, wenn du *weißt*, dass ich müde bin?

Das ist ein schneidender Vorwurf, als Frage getarnt. Die Botschaft, die das Kind begreift, ist: «Wenn du mich lieben würdest, würdest du meine Bedürfnisse kennen!» Das ist rücksichtslos und bewirkt, dass das Kind den Fehler bei sich sieht. Die gleiche Wirkung hätte es auf einen erwachsenen Freund oder Partner.

- *Wie oft muss ich dir noch sagen, dass ich meine Ruhe haben will, wenn ich müde bin? Kann man nicht einmal mehr in seinen eigenen vier Wänden zur Ruhe kommen?*

Die Botschaft ist klar: «Du bist dumm, vergesslich, und du

behandelst deinen Vater schlecht!» Wieder ist sie als Frage getarnt, und sie bürdet dem Kind die Verantwortung für das Wohlergehen des Vaters auf. Mit persönlichen Aussagen teilen wir anderen mit, wer wir sind und wo unsere Grenzen liegen, aber Fragen dieses Typs sagen ihnen lediglich, dass wir unzufrieden mit ihnen sind.

- *Nein, ich will dir jetzt keine Geschichte vorlesen. Ich will meine Zeitung lesen.*

Vielen Eltern fällt es schwer, ihren eigenen Bedürfnissen in verschiedenen Situationen auf der Skala der Prioritäten den richtigen Platz zuzugestehen. Das schlechte Gewissen, dass man selbst etwas will, drückt sich oft als Kritik am Kind aus, das selbst ganz offen und mit gutem Gewissen sein Bedürfnis zum Ausdruck bringt.

- Siehst du nicht, dass ich Zeitung lese?
- Nein, jetzt musst du auch mal warten. Wir anderen sind auch noch da!

Das Kind vernimmt die Botschaft: «Es ist falsch (= du bist falsch), wenn du sagst, was du gern möchtest. Man soll zuerst an die anderen denken.» Nach einiger Zeit wird das Kind seine Bedürfnisse indirekt auszudrücken beginnen, zum Beispiel jammernd, appellierend, charmant, manipulierend, nörgelnd. Oder noch schlimmer: Es gibt auf.

Früher war es bezeichnend für die Art und Weise, wie Eltern Grenzen setzten, dass dadurch fast immer die Grenzen der Kinder verletzt wurden. Die Botschaft war: «Du hast meine Grenzen zu respektieren, aber ich darf deine verletzen.» Wenn die Worte und die Taten der Eltern nicht übereinstimmen, sind es die Taten, die den größeren Eindruck auf die Kinder machen. Wenn sie verletzt werden, lernen sie zu verletzen. Werden sie mit Gewalt daran gehindert, warten sie meist ab, bis sie erwachsen sind.

- *Ich will dich nicht mehr in unserem Bett haben. Mama und ich wollen allein schlafen.*

Dieser Satz hat sich historisch entwickelt aus: «Jetzt bleibst du aber in deinem eigenen Bett! Sonst gibt's was!», über die Erklärung: «Hör mal, mein Schatz. Mama und ich haben besprochen, dass du nun bald groß genug bist, um in deinem eigenen Bett zu schlafen. Du hast doch ein eigenes schönes Zimmer, willst du nicht versuchen, heute Nacht in deinem Bett zu schlafen? Du kannst natürlich ruhig zu uns kommen, wenn du schlecht träumst oder vor irgendwas Angst hast.»

Das ist hübsch gedacht, und wenn man das Glück hat, genau den Tag zu erwischen, an dem das Kind selbst daran gedacht hat, in sein eigenes Bett zu wechseln, dann funktioniert es vielleicht auch. Aber dieses Glück hat man selten. Normalerweise geht es nicht nach Wunsch, und das liegt an der rücksichtsvollen Formulierung, die die Verantwortung und Entscheidung in Wirklichkeit dem Kind überlässt.

Es ist nicht falsch, dem Kind die Entscheidung zu überlassen, wenn man es wirklich eine *freie* Entscheidung treffen lassen will, aber dann muss es heißen: «Hör mal, Mama und ich wollen gern allein in unserem Bett schlafen, und deshalb möchten wir, dass du in dein eigenes Bett gehst, aber das musst du selbst entscheiden.»

Für demokratisch eingestellte, moderne Eltern ist der Gedanke vielleicht schwer nachzuvollziehen, aber das Kind wird viel weniger belastet, wenn es in einem Konflikt wie diesem nicht selbst die Verantwortung für die Entscheidung tragen muss, sondern die Eltern bestimmen lassen kann. Kinder sind nicht in der Lage, diese Verantwortung zu tragen, und man merkt es ihnen an. Sie werden nörgelig, unvernünftig und schwierig.

Drei Dinge werden bei Diskussionen über die Grenzen von Kindern oft vermischt: ihre *persönlichen* Grenzen, ihre *Bedürfnisse* und ihre *Rechte*.

Wir sind heute im Begriff, einige ihrer Bedürfnisse als Rechte anzuerkennen und ebenso einige ihrer persönlichen Grenzen. In den meisten europäischen Ländern ist die Entwicklung während der letzten fünfzig Jahre dahin gegangen, dass sich die Gesellschaft in der Rolle des Sicherheitsgaranten der Kinder versucht hat. Historisch gesehen ist diese Funktion für die Gesellschaft neu, und wir füllen sie bisher nicht besonders erfolgreich aus. Rechtswissenschaft und Psychologie haben Mühe miteinander, wenn sie zusammenarbeiten sollen.

Es gibt noch immer Gründe, darauf hinzuweisen, dass die Grenzen der Kinder auch ihren Körper und ihre Sexualität umfassen. Die meisten Menschen wissen, dass Gewalt und sexuelle Übergriffe auf Kinder nicht nur gesetzlich verboten, sondern überhaupt das Schlimmste sind, was einem Menschen angetan werden kann.

Trotzdem geschieht es viel häufiger, als wir uns eingestehen wollen. Erwachsene aller Gesellschaftsschichten misshandeln und missbrauchen Kinder. Es gibt Unterschiede von Land zu Land und von Kultur zu Kultur, aber diese Verletzungen zeigen, wie primitiv unser Verhältnis zu Kindern direkt unter der zivilisierten Oberfläche immer noch ist.

Wir haben gerade erst begonnen, darüber nachzudenken, ob wir Kinder ernsthaft als gleichwertige menschliche Wesen betrachten oder aber an der historischen Vorstellung festhalten sollen, sie seien *Eigentum* der Eltern oder des Staates.

Dürfen Eltern schelten?

Die Antwort auf diese Frage hängt davon ab, was man mit schelten meint. Im Laufe der Erziehungsgeschichte dieses Jahrhunderts sind Kinder eher beschimpft als ausgescholten worden. Der Unterschied ist folgender:

- *Peter, zum Donnerwetter, ich will nicht, dass du an meinem Computer spielst, wenn ich nicht dabei bin! Ich hab es dir schon tausendmal gesagt, ich werde wütend, wenn du's trotzdem tust! Ich will es nicht – NIE MEHR! Lass den Computer in Ruhe. Er gehört mir, und ich bestimme über ihn!*

Hier wird Peter von einem Vater ausgescholten, der wütend ist und laut schreit, mit rotem Gesicht und Funken sprühenden Augen. Einerlei, ob Peter drei oder dreizehn ist, er wird erschrocken sein und vielleicht in Tränen ausbrechen. Wie immer er reagiert, zwischen ihm und dem Vater wird in den nächsten Stunden schweigsame Distanz herrschen. Das schadet weder Peter noch dem Verhältnis zwischen ihm und dem Vater. Er hat eine Grenze des Vaters einmal zu oft überschritten und dessen spontane Reaktion über sich ergehen lassen müssen. Das ist, wie es sein soll.

Kinder haben oft das Bedürfnis, solche Konfrontationen schweigend und allein zu verarbeiten. Sollte Peters Schweigen länger als einige Stunden dauern, kann der Vater wieder Kontakt mit ihm aufnehmen (vorausgesetzt, er hat sich selbst wieder unter Kontrolle) und etwa sagen: «Tut mir leid, dass du vorhin so erschrocken warst. Aber ich war sehr wütend! Das ist jetzt vorbei.» Keine Rede davon, dem Jungen das Versprechen abzufordern, nie wieder an dem Computer zu spielen, und keine Drohungen, was geschehen wird, wenn er es doch tut. Beides würde Peter von dem Erlebnis, das er gerade gehabt hat, entfernen und den Eindruck verringern.

Sollte sich Peters Mutter gedrängt fühlen, sich einzumischen oder zu trösten, kann sie Peter umarmen und sagen: «Na, da bist du aber erschrocken, Peter, das ist nicht schön, wenn so laut geschrien wird.» Das genügt, um Peter wissen zu lassen, dass außer der Sache mit dem Computer alles in Ordnung ist.

Sollte sie mit der Reaktion ihres Mannes nicht einverstanden sein, muss sie abwarten, bis er und Peter wieder die normale Nähe etabliert haben, ehe sie mit ihm darüber spricht. Bis dahin ist er zu verletzlich, und es würde nur einen unfruchtbaren Krach geben.

- *Jetzt reicht's! Was fällt dir ein, du Rotzbengel! Wie oft hab ich dir schon gesagt, dass du die Pfoten von meinem Computer lassen sollst? Kannst du nicht hören, Mensch, oder bist du zu dumm? Sieh zu, dass du da wegkommst! Ich sage dir, wenn jetzt was am Computer kaputt ist, dann …*

Der Junge wird beschimpft, der Vater macht ihn in einer Weise herunter, dass es ihn in seiner ganzen Existenz verletzt. Vielleicht kommt der Vater nach einer Weile zurück und fragt: «Wollen wir wieder Freunde sein?», und der Junge sagt mit einem beschämten Gesichtsausdruck «Ja». Aber ihre Freundschaft wird nicht wieder sein, was sie einmal war, obwohl der Junge nach Kräften so tun wird, als sei alles beim Alten.

Mit diesem Vater ist für seine Angehörigen nicht leicht ins Gespräch zu kommen. Seine Wertvorstellungen stammen aus einer Zeit und aus einer Familie, in der man in vollem Ernst glaubte, Kinder würden «richtig» werden, wenn man sie davon überzeugen könnte, dass sie verkehrt seien.

Macht man das mit ausreichender Überzeugungskraft und häufig genug und gelegentlich auch mit Unterstützung einer kleinen Ohrfeige, dann kann tatsächlich der Eindruck entstehen, dass es wirklich nützt. Der Junge wird die Finger vom Computer lassen und einen sicheren Sinn dafür entwickeln, wann der Vater explodiert. Er wird sein zerstörtes Selbstgefühl und das verlorene Vertrauen verbergen und in seinen Gefühlen stets Abstand zum Vater halten. Und deshalb wird der Vater nie entdecken, was geschehen ist.

Die Gefühle der Eltern können Kindern nicht schaden. Schaden erleiden sie durch die Worte, die die Gefühle begleiten. Kinder wissen alles über Trauer, Ärger, Wut und Frustration. Sie lieben es nicht, gescholten zu werden, und sie haben es nicht gern, wenn die Eltern streiten, aber Schaden erleiden sie dadurch nicht. Es hilft ihnen, ein liebevolles und realistisches Verhältnis zu ihren eigenen Gefühlen zu entwickeln.

In Familien, in denen die Eltern ständig darum bemüht sind, Vernunft und Anstand zu wahren, kommen die Kinder zu dem Schluss, dass mit ihnen etwas nicht in Ordnung ist. Es ist nichts Falsches daran, hin und wieder unvernünftig zu sein, unvernünftige Gefühle, unvernünftige Grenzen und unvernünftige Bedürfnisse zu haben. Es ist nur ein Zeichen dafür, dass man ein lebendiger Mensch ist, der nicht auf eine Rolle reduziert ist, und dass die Akzeptanz durch die Umwelt nicht unbedingt das Wichtigste im Leben ist.

Kinder sollten ein Schild um den Hals tragen, darauf müsste stehen: **Entschuldigung, ich vertrage keine Kritik.** Darunter müsste ein hübscher kleiner, offizieller Stempel sein: **Kritik ist äußerst gesundheitsschädlich. Das Gesundheitsamt.**

Wenn ein anderthalbjähriger Däumling Bücher aus dem Regal zerrt oder Schmuckgegenstände von Tisch und Kommode fegt, ist es ganz in Ordnung, ihn mit einem «Lass das! Ich will das nicht!» daran zu hindern. Und wenn das nicht hilft, ist es ebenfalls in Ordnung, ihn außer Reichweite der Versuchungen zu bringen.

Es ist dagegen nicht in Ordnung, zu sagen: «Jetzt bist du aber nicht lieb. Sei nicht so unartig. Hör auf, wenn Mama es dir sagt.» Ein Anderthalbjähriger ist in dieser Situation weder lieb noch unartig, sondern neugierig und voller Lust, die Welt zu erforschen. Spätestens wenn er in den Kindergarten kommt und dann zu ängstlich ist, sich auf unbekanntes Terrain vorzuwagen, wird er einige kritische Bemerkungen über die Zurückhaltung zu hören bekommen, die er sich inzwischen so hart erkämpft hat.

Aber die Bücher im Regal und die hübschen Vasen aus Spanien auf dem Tisch, was ist mit denen? Sollen sie dem kindlichen Appetit auf das Leben geopfert werden? Nein. Wenn sie kein Spielzeug sein dürfen, dürfen sie es nicht. Man kann sie aber schützen, ohne dass die Eltern den Kindern jenen Riss in der Seele zufügen, den die Vasen nicht bekommen dürfen.

Kritik, Kränkungen und Grenzüberschreitungen entschlüpfen uns oft, ehe wir Zeit zum Nachdenken finden. Daran ist nichts zu ändern, nur muss man sichergehen, dass die Kinder erfahren: Es ist nicht ihre Schuld, sondern unsere Verantwortung.

Hinter unseren unreflektierten Reaktionen steht häufig der Wunsch, dass wir unseren Kindern (und Partnern und guten Freunden) im Grunde alles geben möchten, was wir haben. Das verleitet uns dazu, ihnen mehr zu geben, als wir verantworten können. Wenn sie dann mit größter Selbstverständlichkeit noch mehr verlangen, heißt es auf einmal: Es muss doch Grenzen geben!

Erwachsene bestimmen selbst darüber, was sie von anderen anzunehmen bereit sind, Kinder aber nicht. Ihre Existenzgrundlage ist vor allem in den ersten Lebensjahren ein vollkommenes Vertrauen darauf, dass die Eltern das Richtige tun. Für sie und für sich.

Konflikte: Vermeidung oder Konfrontation?

Warum kommt es zu Konflikten?

Ein Konflikt entsteht, wenn zwei Menschen etwas Verschiedenes wollen. Da es nicht oft vorkommt, dass zwei Menschen zum selben Zeitpunkt dasselbe wollen, gibt es in der Familie selten Mangel an Konfliktstoff. Glücklicherweise sind Kinder genauso wie Erwachsene meistens in der Lage, ihre Lüste und Bedürfnisse mit denen anderer zu koordinieren.

Diese Anpassung gelingt uns nur, wenn unsere individuellen Bedürfnisse nicht desavouiert werden, weil sie sich zufällig von denen anderer unterscheiden oder ihnen entgegengesetzt sind. Werden sie desavouiert, sind wir nicht in der Lage, zu kooperieren und vorbehaltlos ja zur Gemeinschaft zu sagen. Dann können wir uns nur noch unterwerfen, und Unterwerfung ist immer zeitlich befristet und einengend.

Kleinkinder drücken ihre Wünsche und Bedürfnisse von Anfang an in der Reihenfolge aus, in der sie sie verspüren. Wenn sie zu sprechen anfangen, artikulieren sie sie deutlich und persönlich. Sie ahnen nicht, dass auch ihre Eltern Wünsche und Bedürfnisse haben und daher ständig das eine Bedürfnis gegen das andere abwägen müssen. Kinder sind nicht von Natur aus unsozial, sie sind nur unerfahren.

Frischgebackene Eltern sehen sich den ganzen Tag lang vor die Forderung gestellt, ihre eigenen Bedürfnisse aus Rücksicht auf das Wohlergehen des Kindes zurückzustellen. *Geben* zu können, indem man sich teilweise selbst *aufgibt*, ist ein großes, bereicherndes und gleichzeitig frustrierendes Erlebnis. Bereichernd ist es unter anderem deswegen, weil man stets ein sichtbares und solides Feedback erhält. Das Kind wächst und gedeiht. Der Magen ist in Ordnung oder auch nicht. Das Gesicht lächelt oder weint. Man bringt es zu Bett, es schläft. Man hustet, es wacht auf.

Man gewöhnt sich im Laufe einiger Monate an diesen «Sofort-Feedback-Mechanismus» und vergisst manchmal, dass das, was man gibt, auch eine Investition auf lange Sicht ist, die sich erst nach drei, fünf oder zwanzig Jahren auszahlt.

Gleichzeitig ist es frustrierend. Niemand kann ein zufriedenstellendes Leben führen, der ständig die eigenen Bedürfnisse zugunsten derjenigen anderer zurückstellen muss, es sei denn, er vermag sich selbst davon zu überzeugen, dass es der Sinn des Lebens sei, für die anderen da zu sein. Aber auch dann lauert meist die Hoffnung auf eine angemessene Belohnung im Hinterkopf.

Wenn die Kinder dann etwa ein Jahr alt sind, lässt sich eine bessere und gesündere Balance zwischen ihren und den Bedürfnissen der Erwachsenen herstellen. Es ist dann auch an der Zeit, dass die Eltern den Kindern ihre eigenen Bedürfnisse demonstrieren, sowohl in der Form physischer Handlungen als auch in sprachlicher Form: im Dialog und Verhandeln.

Woran glauben wir?

Es ist klug, zu diesem Zeitpunkt noch einmal die eigenen Wertvorstellungen zu überdenken, damit sich im Verhalten und in der «Politik» der Eltern ein innerer Zusammenhang herstellt. Sonst kann es passieren, dass immer nur derjenige, der am effektivsten auf seine Bedürfnisse aufmerksam zu machen versteht, zuerst an der Reihe ist.

Es handelt sich um eine Entscheidung zwischen verschiedenen Wegen, von denen es im Wesentlichen drei gibt:

Die patriarchalische Familie

Man kann der Vorstellung anhängen, dass man unter allen Umständen weiß, was notwendig und das Beste für das Kind ist. Dann werden die Bedürfnisse und Prioritäten der Eltern selbstverständlich alles beherrschen.

Dies war der Weg, den die Eltern vor nur einer oder zwei Generationen ganz selbstverständlich gingen, weil es damals der einzige allgemein bekannte war.

Die demokratische Familie

Man kann der Meinung sein, das Kind kenne seine eigenen Bedürfnisse am besten und es komme darauf an, dass das Kind bekommt, was es braucht. Dann werden die Wünsche und Bedürfnisse des Kindes zum Dreh- und Angelpunkt der Familie.

Das ist die Gegenreaktion vieler moderner Familien mit Kindern auf jenen ersten Weg.

Die gleichwertige Familie

Man kann der Meinung sein, die Familie habe als eine Form des Zusammenlebens nur dann einen Sinn und eröffne nur dann Möglichkeiten, wenn die Bedürfnisse aller Mitglieder als gleichwertig gelten und in größtmöglichem Maße erfüllt werden.

Das ist die Familie, die ich die gleichwertige nenne.

So vereinfacht und übersichtlich können die Dinge allerdings nur in Büchern arrangiert werden. Die Wirklichkeit ist komplexer und nuancierter. Vielleicht befinden sich vor allem die Familien, in denen während des letzten Jahrzehnts Kinder zur Welt gekommen sind, in einer Übergangsphase, in der sich alle drei Wege vermischen, häufig in verschiedenen Verhältnissen. Es kommt nicht darauf an, dass die Familie einem der drei oben beschriebenen Wege in reiner Form entspricht. Worauf es ankommt, ist, dass der Weg für die Mitglieder der Familie der richtige ist.

Die *patriarchalische Familie* ist in manchen Gegenden Europas immer noch allgemein verbreitet, besonders dort, wo die Frauen sich die grundlegenden Menschenrechte noch nicht haben erkämpfen können. Es gibt diese Familie aber auch in einer *matriarchalischen* Form. Von gesundheitlichem Standpunkt aus gesehen ist sie ein Fiasko, aber sie gewährleistet ein gewisses Maß an Ruhe und Stabilität in der Machtverteilung. In den skandinavischen Ländern ist deutlich zu erkennen, dass Kinder mit psychischen oder sozialen Problemen häufig aus Familien dieses Typs kommen.

Der zweite Typ ist seiner Philosophie nach demokratisch, entwickelt sich aber im Laufe der Jahre oft zu einer regelrechten Kinderdiktatur, in der sich weder Kinder noch Erwachsene wohlfühlen. Gewiss gibt es sehr glückliche Ausnahmen, in denen die demokratischen Spielregeln eine wertvolle Ergänzung sind. Ich habe diesen Typ in einem anderen Zusammenhang die «Servicefamilie» genannt[6], weil die Eltern mehr und mehr damit beschäftigt sind, die Wünsche und Bedürfnisse der Kinder zu bedienen, während ihre eigenen ganz aus dem Blick geraten.

Das Problem entsteht zum Teil dadurch, dass die Eltern, wie noch auszuführen sein wird, häufig nicht sehen, dass zwischen dem, wozu die Kinder Lust haben, und dem, was sie brauchen, ein Unterschied bestehen kann. Kinder haben bekanntlich zu jedem beliebigen Zeitpunkt Lust auf alles Mögliche, und wenn die Eltern dem nachzukommen versuchen, ist das durchaus ein echter Ausdruck ihres Engagements und ihrer Liebe zum Kind.

Nun ist aber Service nicht Liebe, sondern Service. Ebenso wie Spielzeug keine Liebe ist, sondern Spielzeug, und Geld keine Liebe, sondern Geld. Das Kind wird deshalb bald die Liebe entbehren und in Übereinstimmung mit der Art und Weise, in der die Eltern liebevoll sind, immer mehr Service verlangen.

Je weiter die Eltern ihre eigenen Bedürfnisse in den Hintergrund stellen, desto weniger persönlich erscheinen sie und somit auch weniger nahe. Liebe ohne Nähe aber ist so, als bekäme man statt des Essens die Speisekarte serviert: Der Hunger wird doppelt so groß.

Das Ergebnis ist oft, dass die Kinder für ihre Umwelt zur Plage werden, weil sie sich zu jeder Gemeinschaft so verhalten, als sei sie ausschließlich ihretwegen da. Sie tun es nicht, weil sie unsozial sind, sondern weil ihre Familie so funktioniert.

Aus diesem Teufelskreis kommt man nicht heraus, indem man sich darin übt, dem Kind Grenzen zu setzen und nein statt ja zu sagen. Vielmehr müssen die Eltern ihre eigenen Wünsche und Bedürfnisse entdecken oder wiederentdecken und den Mut finden, sie zu artikulieren und darauf zu bestehen, dass sie ernst genommen werden. Die Eltern sollen nicht lernen, nein zum Kind, sondern ja zu sich selbst zu sagen. Wenn das mehr und mehr gelingt, schrumpft der Tyrann auf Kindergröße zusammen, und man kann es wieder mit ihm aushalten.

Es ist ein interessantes Paradox, dass wir in unserer Kultur aggressives und selbstbehauptendes Verhalten als schuldig werten und selbstloses Verhalten als unschuldig. Als ob die letzteren Menschen unglücklicher wären als die ersteren.

Prinzessinnen und Prinzen

Ein ähnliches Drama ist im südeuropäischen Kulturkreis und in einigen skandinavischen Familien zu beobachten, in denen die Eltern sehr lange auf ein Kind gewartet haben. Das Kind erhält dann schnell den Status des Prinzen oder der Prinzessin in der Familie und wird ständig mit der besten Kleidung und dem teuersten und modernsten Spielzeug ausgestattet und bei jeder Gelegenheit bewundert und angebetet.

Mit Bewunderung und Anbetung verhält es sich aber so wie mit Service: Es ist lieb gemeint, schafft aber keinen Kontakt. Nach ein paar Jahren wird das Kind sich regelrecht wie ein Prinz oder eine Prinzessin aufführen und die ganze Familie nach seiner Pfeife tanzen lassen.

Die Eltern sind dann verwirrt und frustriert: «Wir haben ihr alles gegeben, und sie ist so undankbar!» Die Zeitabstände zwischen den Geschenken werden größer, und die Prinzessin wird bestraft, bis sie geknickt und demütig ist. Ihr Verbrechen war das der Naivität: Sie hat nicht gewusst, dass nicht jedes Paket, auf dem Liebe geschrieben steht, Wärme enthält.

Wer im Zentrum steht, ist kein Teil der Gemeinschaft.

Mit der Zeit wird das Kind es lernen, den Zorn der Eltern zu vermeiden, aber innerlich wird es nie ganz heil werden. An die Zeit als Prinzessin wird es sich als an «die gute Zeit» erinnern, und mit großer Wahrscheinlichkeit wird es den Fehler seiner Eltern wiederholen, wenn es selbst Kinder bekommt.

Der gesunde Konflikt

In Familien, in denen man versucht, einen einigermaßen gleichwertigen wechselseitigen Umgang miteinander in Gang zu halten, werden die Bedürfnisse von Kindern und Erwachsenen in regelmäßigen Abständen unweigerlich kollidieren. Deshalb ist es nützlich, den natürlichen Verlauf eines Konflikts zu kennen, besonders wenn man, wie Carolines Eltern (siehe Seite 21 ff.), dazu neigt, Weinen und Frustration als etwas Negatives zu empfinden.

Wir alle besitzen eine angeborene Fähigkeit, Konflikte so durchzuhalten, dass wir an ihnen wachsen und uns durch sie weiterentwickeln. Viele Erwachsene haben diese Fähigkeit aus unterschiedlichen Gründen verlernt, oder man hat ihnen beigebracht, sie sei etwas Kindisches. Deshalb haben sie aufgehört, diese Fähigkeit anzuwenden, und sie versuchen ihrerseits, ihre Kinder dazu zu bringen, dass sie ihr «entwachsen». Das ist schade, denn es handelt sich um die einzige Fähigkeit, die uns ein Leben lang psychisch gesund erhalten kann. Es gibt Bereiche im öffentlichen Leben und in der Arbeitswelt, wo sie nicht gern gesehen wird. Deshalb ist es wichtig, ihr in der Familie Geltung zu verschaffen.

Caroline ist ein kerngesundes Kind. Wenn sie auf etwas Lust hat, macht sie den Mund auf und sagt, was sie haben will. Wird es ihr abgeschlagen, versucht sie es sich auf andere Weise zu verschaffen. Misslingt auch das, dann weint (trauert) sie darüber – und beruhigt sich. Nach einem solchen Prozess können ihre Eltern sich gegenseitig guten Gewissens dazu gratulieren, dass sie immer noch ein gesundes Kind haben. Es gibt nichts, absolut gar nichts, weswegen man sich beunruhigen oder Schuldgefühle haben sollte.

Viele kennen es von Kindern, die etwas größer sind: Sie versuchen die Eltern hartnäckig so weit zu bringen, dass sie ihnen geben, was sie haben wollen, und wenn sie erkennen müssen, dass nichts daraus wird, werfen sie sich weinend aufs Bett. Geht man ihnen nach und versucht, zu erklären oder zu trösten, wird man hinausgeschickt. «Du sollst meine Trauer nicht stören, dann bin ich nur noch länger frustriert», bedeutet das. Beschränkt man sich aber darauf, auf der Bettkante zu sitzen und dem Kind eine Hand behutsam auf den Rücken zu legen, darf man vielleicht dort bleiben.

Wenn sie älter werden, entwickeln die Kinder einen gewissen Sinn für Proportionen und brechen nicht immer gleich in Tränen aus. Sie begnügen sich damit, ein bisschen traurig und in sich gekehrt zu sein. Die Eltern verstehen die Botschaft oft falsch und sagen, das Kind maule. Auch das ist ein nicht ungewöhnliches Missverständnis bei Erwachsenen. Es ist wichtig, traurig sein zu können, wenn man etwas verloren hat, sei es einen guten Freund, ein Familienmitglied, einen Hamster oder die Vorfreude auf eine riesengroße Eistüte. Ebenso wie Erwachsene können Kinder durchaus allein trauern, doch am besten geht es mit jemandem, den man kennt – mit jemandem, der weiß, dass eine Eistüte in den Gedanken eines Anderthalbjährigen das Wichtigste in der Welt sein kann.

Wenn wir uns diese Fähigkeit ein Leben lang bewahren können, erhält unser Verhältnis zu anderen Menschen eine ganz andere Qualität. Wir lernen, Verantwortung für unser eigenes Leben zu übernehmen, anstatt anderen die Schuld für unsere Misserfolge zu geben. Caroline ist im Begriff, die erste Lektion zu lernen: dass man nicht immer bekommen kann, was man gern haben möchte, und dass es nichts anderes zu tun gibt, als darüber zu heulen. Sie ist weder unvernünftig, noch stellt sie sich an, und sie sollte weder vernünftig noch ein braves Mädchen sein. Sie ist, wie sie sein soll, und ihre Eltern müssen lernen, sich über das Kind zu freuen, das sie haben, wenn es wegen der Eistüte weint, die es nicht bekommen hat.

Unglücklich oder nur frustriert?

Bei Konflikten mit Kindern ist es ratsam, sich den Unterschied klarzumachen, wann das Kind unglücklich und wann es nur frustriert ist. Bei kleinen Kindern kann beides durchaus gleich aussehen, aber man lernt den Unterschied mit etwas Aufmerksamkeit schnell erkennen.

Frustration ist ein notwendiger Bestandteil eines jeden Lernprozesses, und die Kindheit ist ein langer Lernprozess. Erst im Laufe des Erwachsenwerdens lernen wir, unsere kleineren Frustrationen schweigend zu bearbeiten. Aber zwischen einem erwachsenen Mann, der seinen kaputten Autoreifen mit Fußtritten traktiert, und einem Zweijährigen, der seinen Löffel auf den Fußboden wirft, weil auf dem Weg zum Mund das Essen herausgefallen ist, besteht kein Unterschied.

Wenn Kinder frustriert sind, sollte man sie nicht so trösten, als seien sie unglücklich. Hin und wieder muss man ihnen helfen, mit dem Löffel, dem Lego-Auto oder der Rechenaufgabe richtig umzugehen. Sind sie der Eltern wegen frustriert, brauchen sie entweder Ruhe oder die Bestätigung, dass man weiß, dass sie frustriert sind und dass es in Ordnung ist. «Es hilft nichts, dass du maulst!», sagten die Eltern meiner Generation zu uns, wenn wir frustriert waren. Sie glaubten, wir «maulten», um sie zu manipulieren, und wussten nicht, dass wir es taten, um uns selbst wieder ins Gleichgewicht zu bringen.

Unglücklich sind Kinder, wenn sie etwas verlieren, was ihnen lieb und teuer war: ein Kuscheltier, eine Freundschaft, Verständnis und Liebe der Eltern, das Vertrauen zu Mutter oder Vater. Und unglücklich sind sie, wenn die Eltern sich trennen. Dann brauchen sie alles, was wir an Nähe, Verständnis, Einfühlung und Geduld aufbringen können.

Kinder sind unterschiedlich, und jedes will den Eltern auf seine Weise sagen, wann es die Nähe erlebt, die es braucht, und wann es sich umklammert fühlt. Letzteres geschieht, wenn wir ihr Unglück nicht ertragen können und es aus der Welt zu schaffen versuchen, ehe es durchlebt ist.

Konfrontation bedeutet Nähe

Eine Konfrontation ist nicht notwendigerweise heftig oder gefühlsbeladen. Konfrontation bedeutet nur, dass einer der Partner das eine und der andere etwas anderes will und dass beide es laut sagen: «Du sollst dir die Zähne putzen, bevor du ins Bett gehst!», gegen «Heute habe ich keine Lust».

Wenn Konfrontationen entstehen, empfiehlt es sich nicht, nach Ablenkungen zu suchen. Wenn man dem Kind antwortet: «Du, ich habe da eine gute Geschichte, die lesen wir, wenn du im Bett bist», tut das in der gegebenen Situation vielleicht seine Wirkung, aber auf lange Sicht lehrt es das Kind nur, seine Umwelt zu manipulieren.

In einer Situation wie dieser, in der es nicht viel zu verhandeln gibt, ist es besser, dem Kind Zeit zu geben. Danach kann man es in den Arm nehmen und sagen: «Na, bist du jetzt so weit, dass du Zähne putzen kannst?»

Die Zeit, von der ich spreche, ist ein oft übersehenes Wundermittel bei Konflikten mit Kindern in allen Altersstufen. Warum es so oft funktioniert, einem Kind je nach Art des

Konflikts fünf Minuten, zwei Stunden oder drei Tage Zeit zu lassen, erklärt sich aus der kindlichen Existenz heraus.

Kinder brauchen ebenso wie Erwachsene Zeit, wenn sie etwas tun sollen, wozu sie gerade keine Lust haben, Zeit, um die Position zu finden, in der sie ja sagen können. Wird ihnen diese Zeit nicht gelassen, können sie nur «Jawohl!» sagen und müssen ihre persönliche Integrität aufgeben. Auf dem Fußballplatz oder im Kindergarten können sie sich durchaus entschließen, sich einer solchen Form von Disziplin zu unterwerfen, aber gegenüber den Eltern haben sie keine Entscheidungsfreiheit.

Kinder sind so sehr auf Kooperation mit den Eltern eingestellt, dass sie es als Misstrauen und Kränkung empfinden, wenn Eltern sie zur Zusammenarbeit zwingen. In der Welt des Kindes geht es nicht um das Zähneputzen, sondern darum, dass seine Liebe zu den Eltern in Frage gestellt wird. Wenn man das weiß, fällt es einem leichter, Prioritäten zu setzen.

Wenn also die Eltern den Kindern Zeit lassen können, lassen sich viele sinnlose und kraftraubende Konflikte vermeiden. Benutzen sie dagegen die Zeit als Trick, um ihren Willen durchzusetzen, dann funktioniert es nicht. Kinder sind in diesem Punkt genau wie Erwachsene: Wir wollen, wenn irgend möglich, gern kooperieren, aber wir haben es nicht gern, wenn wir durch Manipulation dazu gebracht werden.

Stehen die Wünsche und Bedürfnisse der Kinder und Eltern gegeneinander, so bedarf es des Dialogs und der Verhandlung, um die Gegensätze auf einer höheren Stufe zu vereinen. Man sollte sich dabei vor Augen halten, dass für das Gedeihen und Wohlbefinden der Familie die Qualität des *Prozesses* (siehe Seite 16) ausschlaggebend ist. Qualität erfordert oft Nachdenken und manchmal viel Zeit, das persönliche Gespräch aber ist im Prinzip viel kürzer als das unpersönliche. Die Qualität des Gesprächs ist für das Wohlbefinden der Familie wichtiger als sein Ergebnis.

Es gibt für dieses persönliche Gespräch keine Methode, die jeder erlernen könnte, keine ein für alle Mal festgelegte Prozedur wie zum Beispiel bei demokratischen Vorgängen. Man kann über einige Richtlinien und Prinzipien (zum Beispiel über diejenigen, die aus diesem Buch hervorgehen) nachdenken und sie vielleicht verfolgen, aber eine Methode gibt es nicht.

Dieser Mangel an Methode ist bezeichnend für diejenigen menschlichen Beziehungen, die im Wesentlichen auf gegenseitiger Liebe beruhen. Das Verhalten zu den Kollegen am Arbeitsplatz, zum Chef und zu den Nachbarn kann man lernen, und es geht dabei immer um die Einübung gewisser Rituale. Wir können lernen, wie man Hunde erzieht und wie man Pferde dressiert. Auch dafür gibt es Methoden. Für den Umgang mit den Menschen aber, die wir ständig um uns haben, gibt es sie nicht. Methoden heben die Unterschiedlichkeit und damit auch die Gleichwertigkeit auf.

Diese Unsicherheit müssen wir tagtäglich aushalten und

uns mit Experimenten weiterhelfen. Was gestern gelang, geht heute vielleicht nicht mehr, weil wir uns auf der persönlichen Ebene ständig verändern. Das ist anders als bei den meisten anderen Beziehungen, die wir eingehen, denn in ihnen haben wir eine Rolle inne, die meistens relativ stabil ist. Wenn sie sich verändert, können wir die Spielregeln, die zu der neuen Rolle gehören, schnell erlernen.

In der Familie dagegen haben wir die Aufgabe, die Wünsche und Bedürfnisse der anderen genauso ernst zu nehmen wie unsere eigenen – oder unsere eigenen genauso ernst wie die der anderen, je nach Ausgangspunkt. Interessanterweise haben Kinder und Erwachsene auch in diesem Punkt etwas gemeinsam: Wenn wir das Gefühl haben, dass unsere Wünsche und Bedürfnisse ernst genommen werden, ist es weniger wichtig für uns, recht zu behalten oder unseren Willen zu bekommen.

Beispiel

Kaspar fragt: «Darf ich morgen bei Fredrik schlafen?» Sein Vater antwortet: «Nein, Kaspar, wir wollen dich auch gern mal bei uns haben.» Zwei verschiedene Wünsche stehen hier gegeneinander.

Wenn der Vater antwortet: «Ich glaube nicht, Kaspar. Ist es wichtig?», dann fordert er den Sohn damit auf, seinen Wunsch weiter zu erläutern. Das ist ein Vorteil für Kaspar, der spürt, dass er ernst genommen wird, und es ist ein Vorteil für den Vater, der herausfinden kann, wozu er eigentlich Stellung beziehen soll, abgesehen von der Frage, in welchem Bett der Sohn in der nächsten Nacht schlafen wird.

Als gesunde und energische Person würde Kaspar seinem Vater vielleicht auch von sich aus sagen, warum es wichtig für ihn ist, bei Fredrik zu schlafen, und das würde dann in Form von Argumenten für eine *Sache* geschehen. Wenn aber der Vater selbst ihn dazu auffordert, erlebt Kaspar das als Interesse an seiner *Person*. Der Vater selbst braucht nicht nach Gegenargumenten zu suchen, er kann seine eigene Person ins Spiel bringen und verdeutlichen, wer er ist, zum Beispiel, indem er sagt: «Ich bin in der nächsten Woche wenig zu Hause, deshalb möchte ich gern ein bisschen mit dir zusammen sein.»

Vielleicht entschließt sich Kaspar trotzdem, dem Freund den Vorzug zu geben, und vielleicht beschließt sein Vater, seine Macht anzuwenden: «Ich verstehe, dass du lieber bei Fredrik sein möchtest, aber ich will, dass du zu Hause bleibst.» Für Kaspar ist es viel leichter zu akzeptieren, dass über ihn bestimmt wird, wenn er erlebt hat, dass er ernst genommen wird.

Auf einen Abend zusammen mit diesem Vater kann er sich vielleicht sogar freuen, wenn er sich von seinen Plänen mit Fredrik eine halbe Stunde später verabschiedet hat.

Manchen Erwachsenen fällt es schwer, sich selbst ernst zu nehmen, weil es zu wenige Menschen gab, von denen sie ernst genommen wurden, als sie klein waren. Das macht es zwar schwierig, die eigenen Kinder ernst zu nehmen, aber unmöglich ist es deswegen nicht, vorausgesetzt, man hat einen erwachsenen Partner, mit dem zusammen man es trainieren kann. Hilfe ist wichtig, denn sonst kann es dazu kommen, dass man von seinen Kindern überrollt wird oder sich in unendlichen Machtkämpfen mit ihnen aufreibt.

Ein Kernstück der Verantwortung der Eltern für die Qualität des familiären Umgangs miteinander ist, dass sie die Initiative ergreifen und die Kinder aktiv dazu auffordern, ihre Wünsche und Bedürfnisse zu verdeutlichen. Sonst lernen die Kinder nicht, von sich selbst zu sprechen, sondern nur, gegen die Eltern zu argumentieren. Damit wird auf beiden Seiten die Unkenntnis des anderen vergrößert, und es ist möglich, dass beide zu dem verhängnisvollen Schluss kommen, dass es bei Konflikten mit anderen Menschen nichts nützt, die Sprache zu gebrauchen.

- Ich glaube nicht, ich verstehe … erkläre mal …
- Ich wüsste gern, warum das wichtig für dich ist …
- Ich kann mir nicht recht vorstellen, dass man … deshalb möchte ich wissen, was dich veranlasst …?
- Ich weiß nicht, was ich dazu sagen soll, du musst mir helfen. Sag mir, warum du gern …

Diese Aussagen sind Beispiele dafür, wie Eltern zu klärenden und fruchtbaren Verhandlungen auffordern können, auf deren Grundlage sie dann die Entscheidungen treffen.

Besonders kleinere Kinder (unterhalb des Schulalters) kooperieren ständig mit den Eltern. Man erkennt es nicht unbedingt direkt an ihrem Verhalten, aber «hinter den Kulissen» sind sie dauernd bemüht, die Persönlichkeit der Eltern und ihre Art des Umgangs mit anderen Menschen kennenzulernen. Unsere Verhaltensweisen bei Konflikten mit Kindern werden uns in unterschiedlichem Tempo von ihnen zurückgegeben. In dem Maße, wie es uns gelingt, sie ernst zu nehmen, werden sie uns ernst nehmen.

Es ist immer nur einer, der Vater oder die Mutter, den die Kinder als ihr bevorzugtes Modell benutzen. In den meisten

Familien weiß man das, man nennt es nur anders. «Der Junge ist seinem Vater wie aus dem Gesicht geschnitten, aber er schlägt nach der Mutter», sagte man früher.

Dass Kinder sich in besonderem Maße an ein Elternteil binden, hat nichts mit Gefühlen zu tun. Sie lieben den einen nicht mehr als den anderen, und die Ursache ist auch nicht, dass die Mutter oder der Vater das Kind mehr liebt als der andere. Wir wissen nicht, warum es so ist, wir wissen nur, dass Kinder große Probleme bekommen, wenn diese bevorzugte Person aus irgendeinem Grunde aus ihrem täglichen Leben verschwindet. Und auch derjenige Elternteil, der danach täglich und ständig mit dem Kind zusammen ist, hat es alles andere als leicht. Wie liebevoll oder verantwortungsbewusst er oder sie auch darum bemüht ist, dem Kind zu geben, was es entbehrt, es wird immer vergeblich sein.

Kinder lernen also vor allem von *einem* Menschen, wie man mit Konflikten mit sich und anderen umgeht. In unserem Zusammenhang ist das deshalb wichtig, weil derjenige, dem das Kind am ähnlichsten ist, die Konflikte oft als besonders provozierend und dramatisch empfindet. Es ist nicht immer ein Vergnügen, sich selbst im Spiegel zu sehen, aber es weist uns darauf hin, wie wichtig es ist, dass die Eltern die Verantwortung für die Konflikte übernehmen, statt den Kindern die Schuld zu geben.

Kinder nehmen die Wünsche und Bedürfnisse der Eltern in dem Maße ernst, wie diese die der Kinder ernst nehmen. Die Initiative liegt bei den Eltern, sie setzen den Prozess in Gang.

Dies ist in allen Beziehungen zwischen Erwachsenen und Kindern von Bedeutung, doch sollte man sich dessen vor allem dann bewusst sein, wenn man mit Stiefkindern zusammenlebt. Ein Stiefvater oder eine Stiefmutter sollte im Verhältnis zu den Kindern des neuen Partners so authentisch und persönlich wie irgend möglich sein. Oder genauer: Wenn sie es nicht sind, bekommen sie die Rechnung sehr bald und sehr direkt präsentiert.

Erziehung ist in gewissem Sinne immer eine Überschreitung der Grenzen des Kindes. Wie redlich man auch sein mag, Erziehung ist auch Manipulation. Vorausgesetzt, dass sie von ihnen angemessen behandelt werden, nehmen die Kinder das bei ihren biologischen Eltern ohne weiteres hin, ganz einfach deshalb, weil sie sie unbedingt lieben und an der Liebe der Eltern nicht zweifeln.

Kinder sind auch imstande, einen neuen Erwachsenen in ihrem Leben zu akzeptieren. Das braucht zwar Zeit und gelingt nur dann ganz und gar, wenn das Kind fühlt, dass der neue Partner für den Vater oder die Mutter gut ist. Aber Erziehungsmaßnahmen des neuen Erwachsenen nehmen sie erst an, wenn sie spüren, dass er sie kennt und akzeptiert, wie sie sind. Das ist der einzige Ersatz für unbedingte Liebe, den Kinder gelten lassen, und es kann durchaus fünf, sechs Jahre dauern, bis man sich qualifiziert hat.

Viele Stiefeltern handeln sich schmerzhafte Erfahrungen ein, weil ihnen das nicht klar ist. Sie bringen sich mit Engagement und Verantwortungsgefühl in die neue Familie ein und fühlen sich dann ständig mit einem «Du bist nicht mein richtiger Vater!» abgewiesen.

Sie wissen nicht, dass es nur bedeutet: «Ich kann dich nicht so nahe an mich heranlassen, solange du dich nicht qualifiziert hast und solange ich nicht weiß, ob ich so viel von dir halte, dass ich dich darüber bestimmen lassen kann, wie ich mich entwickeln soll. Du sollst nicht weggehen, sondern nur einen Schritt zurücktreten.»

Stiefeltern müssen versuchen, sich mit den Kindern des Partners anzufreunden, ehe sie (Mit-)Erzieher sein können. Biologischen Eltern stellt sich diese Aufgabe erst dann, wenn ihre Rolle als Erzieher vorbei ist.

«Nein» – eine liebevolle Antwort

Seit Generationen sagen die Eltern, Kinder müssten lernen, ein Nein zu respektieren. Jetzt ist die Zeit gekommen, dass sie es selbst lernen!

Ich glaube, dass die meisten Menschen insofern Romantiker sind, als sie immer dann zufrieden mit sich sind, wenn in der Familie Harmonie herrscht. Es ist uns ganz einfach lieber, ein Ja als ein Nein zur Antwort zu bekommen. Vermutlich hängt es auch mit den Forderungen und Erwartungen in der patriarchalischen Familie zusammen, dass ein Ja als eine Antwort empfunden wird, die liebevoller und solidarischer ist, aber die eigentlichen Gründe dafür liegen nach meiner Auffassung tiefer.

Unsere Liebesverhältnisse beginnen mit einem Ja. Mit einem Ja zum Partner und meistens auch mit einem vorbehaltlosen Ja zu den Kindern, die wir bekommen. Es gehört zur Natur der Verliebtheit, dass wir, soweit irgend möglich, ja zueinander sagen und auch dann noch ja sagen, wenn wir es eigentlich nicht mehr verantworten können. Wir sind nicht nur in den anderen verliebt, sondern auch in die Gleichartigkeit, die Übereinstimmung, die Zusammengehörigkeit und die Einigkeit.

Meistens vergehen fünf bis zehn Jahre, bis wir das Ungleichgewicht ernsthaft zu spüren bekommen. Nicht, dass wir zu viel ja zu dem anderen und zur Gemeinschaft gesagt hätten, aber wir haben zu wenig ja zu uns selbst gesagt.

Im Verhältnis zu Kindern tritt die Krise meist etwas schneller ein, nämlich nach zwei bis drei Jahren, wenn das Kind beginnt, aktiver nein zu den Eltern und ja zu sich selbst zu sagen. Also dann, wenn es plötzlich aus der totalen elterlichen Fürsorge ausbricht und selbst bestimmen will. Um diese Zeit werden die Individualität des Kindes und seine Verschiedenheit von den Eltern und deren Erwartungen deutlicher, und das Kind kann sie sprachlich artikulieren.

Das Nein des Kindes zu den Eltern ist eine liebevolle Antwort, weil es kein Nein zu der Beziehung zu ihnen ist. Es ist das Ja des Kindes zu sich selbst als Person, und es ist seine Art und Weise, sich im Verhältnis zu den Eltern abzugrenzen. Da aber Zweijährige nur in flüchtigen Momenten abstrakt denken und sich ausdrücken, müssen sie ja zu etwas Konkretem sagen: zum Beispiel dazu, sich die Schuhe selbst anzuziehen, die Zähne selbst zu putzen, sich seine Kleidung selbst auszuwählen und durch die Stadt zu gehen, ohne die Hand der Mutter zu halten.

Dem Kind geht es nach wie vor vor allem darum, zu kooperieren und ja zu den Eltern zu sagen, und wenn seine Nein-Antworten respektiert werden, wird es auch in Zukunft meistens ja sagen. (Das Nein des Kindes zu respektieren bedeutet, es anzuerkennen und ernst zu nehmen, aber nicht notwendigerweise, ihm zu gehorchen.)

Den Eltern geht es genauso, sowohl im Verhältnis zueinander als auch dem Kind gegenüber. Sie möchten am liebsten ja sagen und neigen dazu, es zu oft oder beim falschen Anlass zu tun. Manche sagen ja, weil sie es für eine Pflicht oder Verantwortung halten, andere, weil sie die Konsequenzen eines Neins fürchten, wieder andere, weil sie sich ihrer selbst nicht sicher sind, und noch andere, weil sie den anderen so sehr lieben, dass sie sich selbst vergessen.

Für viele von uns ist es so überaus wichtig, zu unseren Angehörigen ja zu sagen, dass das Nein, wenn wir es endlich einmal aussprechen, aggressiv klingt und wir uns stundenlang rechtfertigen müssen. Es ist einfach schwierig, mit gutem Gewissen nein zu sagen zu Menschen, die wir gern haben.

Aber immer ja zu sagen ist problematisch, weil wir sehr schnell erwarten, dass die anderen das Gleiche tun. Wird dieser Entwicklung nicht entgegengewirkt, dann wird das Familienleben sehr bald aufhören, ein Geschenk zu sein, und stattdessen zu einer Pflicht werden, die nur mittels komplizierter Zwischenrechnungen zu erfüllen ist (nun habe ich heute fünfmal ja zu dir gesagt, wo ich eigentlich nein meinte, also schuldest du mir fünfmal!). Nach einigen Jahren sind wir dann so weit, dass wir Rabattmarken auf das Leben des anderen sammeln, die niemals eingelöst werden können. Die Belohnung bleibt aus. Stattdessen bekommen wir unsere wohlverdiente Strafe.

Es ist daher für die Gesundheit der Familie wichtig, dass wir lernen, mit gutem Gewissen nein zueinander zu sagen, und uns dabei gegenseitig helfen.

Das ist nicht besonders schwer. Man braucht nur den Gesichtsausdruck des anderen im Auge zu behalten, wenn er im Begriff ist, ja zu sagen, obwohl er eigentlich nein meint, und ihn aufzufordern, es laut zu sagen.

- Du hast ja gesagt, aber du siehst so aus, als ob du eigentlich nein meinst.
- Du kannst gern nein sagen, wenn du das meinst.

Meist haben wir gelernt, genau das Gegenteil zu tun: Wenn wir ein Nein ahnen, beginnen wir eifrig zu überreden und zu überzeugen. Das gelingt oft kurzfristig, aber auf längere Sicht führt es zu hohen Kosten in Form von weniger Nähe und mehr Konflikten.

Dafür gibt es eine gute Erklärung, die auf etwas beruht, das für alle Menschen in allen Altersgruppen gilt: Nur wenn wir erleben, dass wir auch nein sagen dürfen und dass unser Nein respektiert wird, können wir aus ganzem Herzen ja zueinander sagen. Sonst wird es halbherzig und endet mit einem großen Nein!

Manche Eltern befürchten, dass ihr Familienleben völlig chaotisch wird, wenn sie dieses Prinzip einführen. Nach zehn Jahren Zusammenleben ahnen sie vielleicht, dass es der Partnerschaft etwas bringen könnte, aber dass nun auch die Kinder das lernen sollen! Wie sollen wir, wenn jeder nur tut, was er will, jemals alles schaffen, was nun einmal gemacht werden muss?

In der Praxis zeigt sich, dass in den Familien, in denen das Nein legalisiert wird, nach einiger Zeit seltener nein zueinander gesagt wird als vorher, wo es meist nonverbal geschah.

Das Nein, von dem wir reden, ist kein Nein zur Gemeinschaft, sondern ein Ja zu sich selbst innerhalb der Gemeinschaft. Es hat den Vorzug, dass jeder in der Familie lernt, die Verantwortung für sich selbst zu übernehmen. Und Menschen, die Verantwortung für sich selbst übernehmen können, haben mehr Verantwortungsgefühl gegenüber anderen.

Es geht nicht darum, dass jeder immer und überall nur der eigenen Lust folgt. Dass Lust das Prinzip des Lebens sei, ist die Illusion der Kindheit und der Verbrauchergesellschaft. Es geht vielmehr um die Freiheit, die eigene Individualität so zu artikulieren, dass ein jedes Familienmitglied mitbeurteilen kann, wie sich diese Individualität zur Gemeinschaft verhält und wie man Letztere gegebenenfalls erweitern kann, damit Platz für alle da ist. Immer noch sind es die Eltern, die führen und bestimmen, auch wenn sie, verglichen mit den Eltern früherer Tage, einiges an Macht haben abgeben müssen. Auf das gute alte «Du hast zu tun, was wir dir sagen! Und zwar sofort!» müssen sie verzichten – oder aber daran festhalten, je nachdem, was sie mit ihrer Familie vorhaben.

Nein und bis-hierher-und-nicht-weiter sagen zu dürfen, das hat auch mit dem Recht der Eltern zu tun, ihre eigenen Grenzen zu ziehen, sich im Verhältnis zu den Kindern abzugrenzen. In dem Maße, in dem ihr Nein zu den Kindern ein Ja zu ihren eigenen, essentiell persönlichen Bedürfnissen ist, ist es liebevoll. Ein Nein aus Notwehr aber, nachdem man mit dem Ja viel zu lange viel zu weit gegangen ist, das funktioniert nicht. Wenn sie zu lange warten, machen die Erwachsenen sich selbst zu Opfern, und die Kinder werden schuldig.

Auch hier gilt das Prinzip: Wenn die Eltern von den Kindern Respekt für ihr Nein erwarten, müssen sie das Nein der Kinder respektieren.

Manchmal ist dem Kind sein Nein so lebenswichtig, dass die Eltern es schlicht zur Kenntnis nehmen müssen. Meist aber ist es eine Frage der Zeit, wann das Nein zum Ja wird. Und sehr oft hat das Nein der Kinder keine Bedeutung für ihr Leben. Hier ist ein Beispiel:

- Hängst du bitte die Wäsche auf?
- Nein, ich hab keine Lust!
- Gut, du brauchst keine Lust zu haben. Du kannst es auch ohne Lust tun, Hauptsache, du tust es.
- Aber ich gucke doch gerade Fernsehen!
- Ja, das sehe ich, aber ich möchte, dass du es trotzdem tust.

In vielen modernen Familien haben die Eltern ein schlechtes Gewissen, weil sie aus unterschiedlichen Gründen ein großes JA zu sich selbst sagen und viel Zeit und Energie in Arbeit, Ausbildung und Karriere investieren. Manche kommen in Versuchung, dieses Nein zu den Kindern dadurch zu kompensieren, dass sie über ihre Grenzen gehen, wenn sie dann endlich mit ihnen zusammen sind, und etwas öfter ja sagen, als sie eigentlich verantworten können.

Aber die Mathematik der Liebe funktioniert nicht so. Das Ja auf einem Gebiet kann ein Nein auf einem anderen nicht kompensieren, auch nicht zwischen Erwachsenen. Je weniger Zeit die Eltern füreinander und für die Kinder haben, desto wichtiger ist es, authentisch zu sein, wenn man zusammen ist. Das Risiko ist natürlich, dass die Kinder unzufrieden mit ihren Eltern sind, aber das ist gesünder für beide Seiten, als wenn sie unzufrieden mit sich selbst sind.

Alle Mitglieder einer Familie haben zunächst einmal das Bedürfnis, ja zur Zusammenarbeit zu sagen und für das Leben der anderen so wertvoll wie möglich zu sein. Nur wenn wir das Nein in der Familie zulassen, können wir vermeiden, dass dieses Bedürfnis zur Pflicht wird und Liebe zu Schuld.

Lust und Bedürfnisse

Einer der wichtigsten Gründe dafür, dass Eltern sich selbst abgrenzen, den Kindern Grenzen setzen und ihre Macht anwenden sollten, ist der, dass Kinder nicht wissen, was sie brauchen. Sie wissen nur, wozu sie Lust haben.

Das ist ein wenig vereinfacht gesagt, denn Kinder «wissen» im Grunde sehr wohl, was sie brauchen, sie können es nur nicht sprachlich formulieren. Sie können ihre fundamentalen Bedürfnisse meist nicht in Worte fassen, aber wenn sie nicht ausreichend erfüllt werden, können sie das ihrer Umwelt durchaus zu verstehen geben.

Sie tun es nicht sprachlich, sondern indem sie ihr Verhalten ändern. Sie können nicht sagen: «Hör mal, ich verlange, als derjenige gesehen zu werden, der ich bin», sondern ziehen sich entweder in sich selbst zurück oder machen mit ganz besonderem Nachdruck auf sich aufmerksam. Das kann zu Hause geschehen, wenn sie noch die Hoffnung haben, dass die Eltern positiv reagieren, oft aber geschieht es im Kindergarten, in der Schule oder auf der Straße.

Es gehört zur Verantwortlichkeit der Eltern, dass sie genau hinhören, wenn Kinder sagen, wozu sie Lust und wozu sie keine Lust haben. Wenn die Tochter eine Eistüte oder noch eine Barbie-Puppe will, hat das wenig mit Psychologie zu tun; es ist nur, wie es sein sollte. Wenn sie aber anfängt, zu nörgeln und ständig Konflikte zu suchen, fehlt ihr weder das Eis noch die Puppe, sondern etwas anderes, und es liegt in der Verantwortung der Eltern, herauszufinden, was das ist.

Es ist wenig sinnvoll, die Lust der Kinder zur Richtschnur des Familienlebens zu machen. Wenn Kinder alles bekommen, wozu sie Lust haben, bekommen sie mit großer Sicherheit das Wichtigste nicht, das sie brauchen: den nahen Kontakt mit verantwortungsbewussten Erwachsenen. Es ist ganz in Ordnung, wenn in der Familie herumgefragt wird, was es zum Mittagessen geben soll, nicht aber, dass man sich verpflichtet fühlt, den Kindern das zu kochen, worauf sie Lust haben, nur weil man gefragt hat. Bei der Aufstellung des Speiseplans sind drei Dinge in Rechnung zu stellen: worauf die Kinder Lust haben, worauf die Erwachsenen Lust haben und wie sich ein vernünftiges Gleichgewicht in der Ernährung der Familie erhalten lässt. Es geht um ein ausgeglichenes Verhältnis zwischen Genuss, Ästhetik und Qualität, nicht um die Aufstellung einer defensiven Regel, wie oft man Pizza isst, und die Bewahrung dieses Gleichgewichts gehört in die Verantwortung der Eltern.

Gleiches gilt auf allen anderen Gebieten. Es ist wichtig, dass alle in der Familie die Freiheit haben, zu sagen, worauf sie Lust haben. Das ist der Anfang des Gesprächs, nicht das Ende.

Kinder werden einsam und unglücklich, wenn sich die Eltern davon lenken lassen, worauf ihre Kinder Lust haben. Das hat nichts mit dem alten Begriff Verwöhnen zu tun. Rationierung etwa in dem Sinne, dass die Kinder nur jedes zweite Mal das bekommen, worauf sie Lust haben, ist wenig sinnvoll. Ein Kind verwöhnen heißt nicht, dass es zu viel von dem bekommt, worauf es Lust hat, sondern zu wenig von dem, was es braucht.

Manche Eltern versuchen, Konflikten in der Familie vorzubeugen, indem sie nach und nach Regeln setzen. Auch die Gesellschaft insgesamt neigt ja dazu, Gesetze und Regeln zu erlassen, wenn der Dialog nicht gelingt.

Innerhalb der Familie gibt es im Großen und Ganzen zwei Arten von Regeln. Zunächst die allgemeine Hausordnung: Man zieht die Schuhe aus, bevor man ins Wohnzimmer geht, man trägt sein schmutziges Geschirr und Besteck selbst in die Küche, man ruft zu Hause an, wenn man sich verspätet, etc. Solche Regeln haben hinsichtlich des Wohlbefindens der Familie nichts Problematisches.

Anders ist es mit den Regeln, die die Eltern aufstellen, wenn sie nicht wissen, wie sie sonst mit einem Konflikt umgehen sollen: Wenn ihr euch nicht ordentlich benehmt, dürft ihr nicht mehr zusammen spielen; ihr sollt anständig miteinander reden; wenn ich euch um etwas bitte, tut ihr es ohne Diskussion, etc.

Es ist eine allgemeine Erfahrung, dass es um eine Familie umso schlechter bestellt ist, je mehr Regeln dieses Typs sie braucht. Das gilt im Übrigen auch für Schulen, Kindergärten und andere Einrichtungen, wo Menschen, die sich nicht gegenseitig ausgewählt haben, miteinander auskommen müssen. Gefährlich an dieser Art von Regeln ist, dass sie vollkommen unpersönlich sind und gleichzeitig tief in etwas sehr Persönliches eingreifen. Diese Zwiespältigkeit zwingt besonders Kinder dazu, kreative Möglichkeiten zu suchen, um sie zu brechen, in der Hoffnung, ihre Individualität und Integrität bewahren zu können, ohne kriminalisiert zu werden.

Für die erste Art von Regeln, die allgemeinen Hausregeln, gibt es von Familie zu Familie ein unterschiedlich großes Bedürfnis. Je größer eine Familie ist, desto mehr Regeln sind notwendig und desto wichtiger ist es, dass jeder sein Bestes tut, um sie einzuhalten. Die Hausregeln dienen unpersönlichen, oft praktischen Zielen, und deshalb fällt es einem leicht, sich nach ihnen zu richten.

Manche Familien mit Kindern führen ein Alltagsleben, das sehr viel Struktur erfordert, wenn alles getan werden soll, was getan werden muss.

Obwohl Kinder äußerst kooperationsfähig sind, geht es nicht ohne Kosten ab, wenn sie sich jahrelang dem Bedürfnis der Eltern nach Struktur unterwerfen müssen. Es kann sie zeitweise dazu verleiten, Rahmen und Grenzen zu sabotieren, die sie normalerweise einhalten würden.

Wenn sie plötzlich tagelang nicht in den Kindergarten wollen oder das Kindermädchen auf einmal nicht mehr leiden können, kann das durchaus ein Ausdruck für das Bedürfnis sein, ein paar freie Tage mit den Eltern zusammen zu sein und mit ihnen «nichts» zu tun. Nur wer nichts tut, kann den eigenen und den Herzschlag anderer hören.

Erwachsene sind weitgehend fähig, das Bedürfnis nach einer Pause auf die nächste Woche oder das nächste Jahr zu verschieben. Kinder sind klüger. Sie wissen, dass es um das Jetzt geht. Man kann das Leben nicht in die Zukunft verschieben oder ihm mit Regeln vorbeugen.

Konsequenzen und Strafe

Vor nicht mehr als zehn Jahren gab es für Erwachsene im Allgemeinen keinen Zweifel daran, dass es Konsequenzen haben müsse, wenn Kinder Regeln brechen oder die Grenzen der Erwachsenen verletzen. Heute sind viele Eltern von der Logik dieses Standpunktes weniger überzeugt, und es gibt gute Gründe, sich darüber zu freuen.

Konsequenzen, das ist in der Geschichte der Erziehung ein schöneres Wort für Strafe. Besonders in der letzten Hälfte unseres Jahrhunderts sind die Strafverfahren laufend modernisiert und auf einigen Gebieten humaner und zivilisierter geworden.

Das wichtigste Argument für sogenannte Konsequenzen war immer, dass Kinder lernen müssen, die Grenzen zu respektieren, die ihnen von den Erwachsenen gesetzt werden. Es ist aber zweifelhaft, ob dieses Ziel je erreicht worden ist. Dagegen haben viele Kinder mit Sicherheit gelernt, die Konsequenzen zu fürchten, und das ist etwas ganz anderes.

Im Ausgangspunkt ist der Gedanke der Eltern durchaus richtig. Es ist ja tatsächlich wichtig, dass die Kinder sie und ihre Grenzen respektieren. Aber wenn man im Umgang mit Kindern Konsequenzen als eine Art von Satellit in die Kommunikation einbaut, sagt man damit auch: «Ich habe es aufgegeben, dich dazu zu bringen, meine Person ernst zu nehmen, also ersetze ich sie mit Konsequenzen, die du hoffentlich ernster nimmst und mehr respektierst als mich.»

Das ist, wenn nicht eine Bankrotterklärung, so doch der Anfang einer schiefen Bahn: Die Erwachsenen werden in regelmäßigen Abständen gezwungen sein, immer neue und strengere Konsequenzen zu erfinden, um sich gegen die zunehmende Respektlosigkeit der Kinder zu behaupten. Daraus wird entweder ein Teufelskreis, oder die Konsequenzen werden so ernst, dass das Verhältnis zwischen Kindern und Erwachsenen irreparablen Schaden leidet.

Die Alternative dazu beruht auf dreierlei: auf Geduld, Wiederholungen und dem Willen, sich selbst und das Kind ernst zu nehmen.

Es braucht viel Zeit, die Grenzen der Eltern so gut kennenzulernen, dass man eine Kollision mit ihnen im Normalfall vermeiden kann. Ein bisschen schneller geht es, wenn die Grenzen deutlich und persönlich artikuliert werden, aber auch dann dauert es lange. Das müssen die Eltern wissen und geduldig sein, aber nicht in dem Sinne, dass die Grenzen anfangs behutsam und später mit allem Nachdruck markiert werden. Sie müssen vielmehr, wenn sie die Grenzen des Kindes nicht ernsthaft verletzen wollen, Geduld haben mit dem Lernprozess, den Kinder notwendigerweise durchmachen müssen. Kinder sind nicht langsamer als die Menschen im Allgemeinen, und sie brauchen nicht mehr Zeit, die Grenzen der Eltern kennenzulernen, als diese brauchen, um die Grenzen ihres Partners kennenzulernen.

Die Grenzen eines anderen Menschen kennenzulernen ist kein mechanischer Prozess, so wie man lernt, vor einer roten Ampel zu halten. Man muss die Grenzen des anderen nicht nur kennen und im Gedächtnis behalten, sondern gleichzeitig auch herausfinden, wie man sich selbst im Verhältnis zu diesen fremden Grenzen intakt erhält. Man muss ja sagen können zu den Grenzen des anderen, ohne nein zu sich selbst zu sagen, es sei denn, man begnügt sich damit, jawohl zu sagen. Und andere Menschen haben manchmal Grenzen, die für ihre Umwelt völlig unverständlich sind. Da braucht es dann noch mehr Zeit, sie kennen- und mit ihnen leben zu lernen. Mit keinem von uns ist leicht zusammenzuleben.

Wird all das berücksichtigt und es wird trotzdem ständig eine Grenze überschritten, müssen die Eltern das Kind mit ihrer Unzufriedenheit konfrontieren. Ein solches Gespräch beginnt man nach Möglichkeit nicht in dem Moment, wenn die Dinge gerade geschehen, sondern man wartet eine Feuerpause ab, weil man dann als Erwachsener besser kontrollieren kann, was man sagt. Ein Beispiel:

- *Hör mal, Niels! Aus irgendeinem Grund wühlst du ständig in meinen Sachen herum, ich will das nicht! Ich mache es einfach nicht mehr mit. Und ich kann nicht verstehen, warum du das nicht lassen kannst. Vergisst du es einfach, oder findest du es dumm, dass du das nicht darfst?*
- *Ich weiß nicht… warum darf ich es eigentlich nicht?*
- *Ich will es nicht, weil es meine Sachen sind, und ich will, dass sie in Ruhe gelassen werden. Ich werde wütend, wenn du es vergisst, und ich will, dass du daran denkst, egal, ob du es dumm oder ungerecht findest. Ich will, dass meine Sachen in Ruhe gelassen werden, und außerdem will ich Frieden mit dir haben – basta!*

Keine Versprechungen, keine Drohungen und keine Verabredungen! Sie würden die Konfrontation nur mildern und die Aufmerksamkeit von den Worten und von den Gefühlen, die sich gerade jetzt geltend machen, ablenken. Man muss es kurz machen. Es geht darum, Eindruck zu machen, nicht, zu überzeugen oder Einverständnis herzustellen.

Der Vater macht hier den größten Eindruck, wenn es ihm

gelingt, als Person zu sprechen, als die Person, die er respektiert wissen will. Je mehr er in seiner Rolle als Erzieher spricht, desto geringer wird der Eindruck sein. Sich selbst ernst oder sich selbst feierlich zu nehmen, das macht hier den wesentlichen Unterschied.

Hat sich der Vater in diesem konstruierten Beispiel selbst ernst genommen, hat er also gesagt, was er meint, wird sein Sohn erschüttert sein. Es tut ihm leid, oder er ist wütend oder beides, und das ist ganz in Ordnung. Wenn einem etwas wirklich wichtig ist, dann muss es auch ernst sein.

Aus lauter gutem Willen haben Erwachsene jahrzehntelang versucht, ihre Sprache kinderfreundlich klingen zu lassen, wenn sie mit Kindern sprechen. Das kann sinnvoll sein, wenn das Kind etwas Konkretes lernen soll. Haben wir es aber wie bei diesem Beispiel mit einem persönlichen Gespräch zu tun, muss der Erwachsene seine eigene Sprache benutzen, also die Worte und Wendungen, die die Botschaft am deutlichsten zum Ausdruck bringen. Wenn Erwachsene pädagogisch sprechen, gehen wesentliche Nuancen der Botschaft verloren, und sie macht weniger Eindruck.

Das Leben von Kindern in einer Familie hat unter anderem sehr viel damit zu tun, dass sie lernen müssen, andere Menschen und ihre Grenzen ernst zu nehmen, Respekt vor den Mitmenschen zu haben, weil sie Menschen sind. Es geht nicht darum, dass sie lernen, die Macht zu fürchten und sie zu missbrauchen, wenn sie selbst groß genug dazu sind.

Diese Konfrontation hat nicht nur damit zu tun, dass die Sachen des Vaters in Zukunft in Ruhe gelassen werden, sondern auch, dass dem Sohn eine Lektion erteilt wird, wie man sich auf dem Schulhof, auf der Straße und als Partner und Vater behauptet, ohne seine Integrität aufzugeben und die des anderen zu verletzen.

Zahllose Eltern haben ihren Kindern diese Botschaft immer wieder vergeblich zu vermitteln versucht, weil sie selbst sie nicht artikulieren konnten und mehr an Konsequenzen glaubten als an sich und ihre Kinder.

Schuld und Verantwortung

Die meisten Menschen bekommen Kinder, um sich selbst einen Wunsch zu erfüllen, nicht um der Kinder willen. Ihr Ausgangspunkt ist also Selbstliebe im besten Sinne des Wortes: Sie wollen ihr Leben bereichern, und später wollen sie alles Erdenkliche tun, um das Leben der Kinder zu bereichern. Elternschaft hat mit dem Bedürfnis zu tun, zu geben und das Gefühl zu haben, dass man für einen anderen Menschen wertvoll ist.

Diese fundamentale Selbstliebe findet ihr Gegengewicht, wenn alles gut geht, im Engagement für das Kind, seine Bedürfnisse und seine Person, mit der die Erwachsenen nach und nach konfrontiert werden. Einerlei, ob das elterliche Verhältnis zum Kind auf Macht oder auf Gleichwertigkeit beruht, die Eltern verfolgen immer das Ziel, dem Kind ein gutes Leben zu verschaffen nach dem Maßstab, an den sie selbst glauben.

Wie alles im Leben gelingt auch dies mehr oder weniger gut. Perfekte Eltern gibt es nicht, und glücklicherweise geht es auch ohne Perfektion. Kinder haben die Eltern, die sie haben, und damit müssen sie sich abfinden, ebenso wie die Eltern sich damit abfinden mussten, dass ihre Eltern so waren, wie sie waren.

Das Entscheidende für die Qualität im Leben des Kindes, im Leben der Eltern und im Verhältnis zwischen ihnen sind die Fähigkeit und Bereitschaft der Eltern, die Verantwortung für das zu übernehmen, was nicht gelingt.

Wir alle stellen uns von Zeit zu Zeit dumm an. Wir haben gute und schlechte Tage, wir sind unvernünftig und verlieren die Fassung, wir haben viel Energie oder zu wenig, wir wissen, was wir tun sollten, und tun es trotzdem nicht. Wir haben gute und schlechte Erfahrungen aus unserer eigenen Kindheit, und mit diesen bereichern wir unsere Angehörigen oder belasten sie.

Sollen wir uns schuldig fühlen, weil wir menschlich sind?

Die Antwort ist nicht ganz so einfach wie die Frage. Wenn wir mit anderen Menschen zusammenleben, sind wir für ihr Leben und Wohlergehen mitverantwortlich, und wenn wir etwas tun, das verhängnisvoll ist für ihr Leben, sind wir mitschuldig.

Das ist eine Tatsache, auf die man auf zweierlei Weise reagieren kann: mit Schuld*gefühl* oder mit Schuld*bewusstsein.* Die Fähigkeit zum Schuldbewusstsein, wenn wir einem anderen Menschen wehtun, gehört zu den Qualitäten, die uns von anderen Säugetieren unterscheiden. Ohne diese Fähigkeit gäbe es keine Moral und Ethik, und wir würden alle nach dem Gesetz des Dschungels leben.

Schuld*gefühl* führt wiederum zu zweierlei Reaktionen. Manche Menschen werden depressiv, überschütten sich mit Selbstvorwürfen und verlieren die Kraft, ihr Verhalten in einer produktiveren Richtung zu ändern. Andere werden aggressiv und versuchen, der anderen Seite die Schuld zu geben. Oft gelingt es, den anderen dazu zu bringen, dass er die Schuld auf sich nimmt, vor allem wenn es sich um ein Kind handelt. Die Schuld selbst loszuwerden aber gelingt nie. Bewusst oder unbewusst sammelt sie sich im Schuldigen an und führt mit großer Sicherheit zu neuen destruktiven Handlungen.

Für die Kinder sorgen, mit ihnen spielen, sich mit ihnen und über sie freuen, Unsinn mit ihnen machen und herumalbern, das ist alles wichtig. Ebenso wichtig aber sind Verantwortungs- und Schuldbewusstsein, das heißt, sich bewusst zu sein, dass man immer, selbst wenn man sein Bestes tut, in Gefahr ist, wehzutun. Das ist nicht als Aufforderung gemeint, ständig ernst oder latent deprimiert zu sein, sondern dass Eltern das Einzige tun, was sie tun können: die Verantwortung für ihre Fehler zu übernehmen, wenn sie sie erkennen.

Das geschieht am besten, indem man sich mit dem Kind zusammensetzt und etwa sagt: «Ich habe gestern (oder vor zwei oder zehn Jahren) so und so gehandelt. Es war ein Fehler. Bitte entschuldige es – es war nicht deine Schuld.» Wird diese Botschaft so einfach und deutlich formuliert, dann geschehen drei wichtige Dinge:

- Die Erkenntnis des Erwachsenen wird zum konstruktiven Moment seines Lebens. Schuldgefühl ist nur das Vorstadium der Erkenntnis.

- Das Kind wird von Schuld entlastet, und es lernt zugleich, was es heißt, ein verantwortlich handelnder Mensch zu sein.

- Die Erkenntnis des Erwachsenen ermöglicht es, fortan konstruktiver zu handeln. Schuldgefühl tendiert dazu, das Destruktive zu verstärken.

Bedingung ist, dass der Erwachsene nicht sentimental wird und an das Kind appelliert, ihm zu vergeben, denn dann hätte das Kind die Verantwortung, sich des Schuldgefühls des Erwachsenen anzunehmen, und damit würde seine Bürde verdoppelt.

Das Schuldgefühl moderner Eltern ist meist sehr diffus. Es ist weder das Gefühl, etwas Bestimmtes falsch gemacht zu haben, noch ist es ein grundsätzliches Schuldbewusstsein. Es hat keinen konkreten Anlass, sondern entspringt einer allgemeinen Vorstellung, dass man insgesamt anders sein sollte, als man ist. Man hätte sein Leben besser im Griff und mehr Zeit haben sollen, als die Kinder klein waren, man hätte versuchen sollen, die Scheidung zu vermeiden, man hätte weniger arbeiten sollen, man hätte, hätte, hätte …

Dieses diffuse Schuldgefühl ist ganz oberflächlich. Es macht einen weder besser noch klüger, und es bringt auch den Kindern nichts. Man sollte es aus der Familie verbannen oder mit dem einzigen bekannten Gegengift ausrotten: mit Humor und Selbstironie.

Schuldbewusstsein und das konkrete Erlebnis von Schuld sind dagegen feste Faktoren in einer jeden Familie. Sie gehen Hand in Hand mit der Liebe, aber ebenso wie alles andere müssen sie ihren Platz in der Gemeinschaft finden. Sie dürfen nicht das ganze Unternehmen kommandieren!

Die Fähigkeit der Kinder, sich den Bedingungen ihres Aufwachsens anzupassen, ist nahezu unbegrenzt. Was verletzlich ist, ist ihre Liebe zu sich selbst.

In vieler Hinsicht sind Kinder das, was man unzuverlässige Zeugen nennt, weil sie gegenüber den Eltern so loyal sind. Wir müssen in uns hineinhorchen. Wenn wir glauben, dass etwas gut gelingt, gibt es keinen Grund zu Änderungen – auch nicht, wenn es in den Büchern steht! Kinder fühlen sich wohl mit Eltern, die mit sich zufrieden sind, ohne selbstzufrieden zu sein.

Im Verhältnis zu Kindern Grenzen zu setzen, sich selbst abzugrenzen, ist ein wichtiges, aber hoffentlich nur ein einzelnes Moment im Zusammenleben mit ihnen. Es ist aber für die Eltern die größte Herausforderung, und den Kindern teilt es besonders viel darüber mit, wer sie unter anderem *auch* sind. Wenn sie wirklich gelingt, wird Abgrenzung zu etwas anderem und mehr als Begrenzung, und dann können beide Seiten über ihre eigenen Grenzen hinauswachsen.

Anmerkungen

1 Jesper, Juul, Dein kompetentes Kind. Auf dem Weg zu einer neuen Wertgrundlage für die ganze Familie. Reinbek: Rowohlt 2009, Seite 128
2 ebendort, Seite 201 ff.
3 ebendort, Seite 46 ff.
4 ebendort, Seite 18 ff. und Seite 42 ff.
5 ebendort, Seite 77 ff.
6 ebendort, Seite 139 ff.

Der Autor

Jesper Juul, 1948 in Dänemark geboren, war Lehrer, Gruppen- und Familientherapeut, Konfliktberater und Buchautor. Bis 2004 leitete er das «Kempler Institute of Scandinavia». Nach dem Studium der Geschichte, Religionspädagogik und europäischen Geistesgeschichte arbeitete er als Heimerzieher und später als Sozialarbeiter. Er entwickelte eine eigenständige Therapie- und Beratungsform, handlungsorientiert und praxisnah. Weiterhin wirkte er als Ausbilder für Familientherapie in Kroatien und Bosnien und leistete dort auch therapeutische Arbeit in Flüchtlingslagern. Er war «gelernter Vater» eines Sohnes und lebte in Kopenhagen und Zagreb. Am 25. Juli 2019 starb Juul im Alter von 71 Jahren in Odder nahe Aarhus.

Weitere Titel

Dein kompetentes Kind

Grenzen, Nähe, Respekt